Praag

Uitgeverij ANWB

Inhoud

Het belangrijkste eerst
blz. 4

Dit is Praag
blz. 6

Praag in cijfers
blz. 8

Wat is waar?
blz. 10

Kodakmoment
Zonder bier gaat het niet
blz. 13
Baby's veroveren een monument
blz. 15
Ontspannen aan de Moldau
blz. 16

Het kompas van Praag
15 manieren om je onder te dompelen in de stad
blz. 18

 Een lust voor het oog! – **Het Oudestadsplein**
blz. 20

 Concept stores, mode, design – **shoppen in de Oude Stad**
blz. 25

 Het joodse Praag – **Josefov**
blz. 28

 In het spoor van koningen – **op de oude Kroningsweg**
blz. 33

 Hier zetelt de macht – **de Praagse burcht**
blz. 37

 Adellijk plezier – **de paleistuinen van de Kleine Zijde**
blz. 42

 Idylle met uitzicht – **voorstad Hradčany en Petřín**
blz. 47

Kritisch en provocerend – **een galeriewandeling**
blz. 52

 Applaus – **Staatsopera, Statentheater en Nationaal Theater**
blz. 56

 De navel van de stad – **het Wenceslausplein**
blz. 58

 Waar Praagse jugendstil het mooist is – **de Nieuwe Stad**
blz. 62

 Toverwereld – **Laterna Magika en het zwarte theater**
blz. 66

 Amsterdam aan de Moldau – **van Žižkov naar Karlín**
blz. 69

 Na zdraví!– **Kroegentocht door Praag**
blz. 72

 De wortels van de stad – **een uitstapje naar Vyšehrad**
blz. 75

Museumlandschap van Praag
blz. 78

Historische gedenkplaatsen
blz. 81

Literaire reis door Praag
blz. 82

Provocerend kunstenaar David Černý
blz. 83

Pauze, even rebooten
blz. 84

 Overnachten
blz. 86

 Eten en drinken
blz. 90

 Winkelen
blz. 98

 Uitgaan
blz. 104

Reisinformatie
blz. 109

Hoe zegt u?
blz. 114

Register
blz. 115

Fotoverantwoording/colofon
blz. 126

Herinner je je deze nog?
blz. 128

Het belangrijkste eerst

De ochtendstond heeft goud in de mond
Een bezoek aan de Karelsbrug is een must. Dat weten we allemaal en daarom kan het er erg druk zijn. Kom liever vroeg uit de veren en blijf de massa voor. Daarna volgt je beloning: een ontbijt in het stijlvolle Café Savoy.

Te voet gaan
Met het Praagse openbaar vervoer ben je op de goede weg. Het centrum kun je het best te voet verkennen. Naar de bruisende voorsteden Žižkov, Vinohrady en Karlín reis je echter het prettigst per tram of metro. Pas op: kaartjes koop je van tevoren!

Wonderwall aan de Moldau
In de vroeger zo machtige burcht Vyšehrad zouden volgens de verhalen de wortels van de stad liggen. Nu komen de Pragenaren op zonnige dagen hierheen om in het prachtige park te picknicken of vanaf de indrukwekkende burchtrots van het uitzicht op de Moldau te genieten. Een mooi voorbeeld om te volgen!

Oude joodse begraafplaats
Tegen de 12.000 grafstenen liggen en staan hier in de schaduw van eeuwenoude bomen, naast, tegen en – wegens plaatsgebrek – boven elkaar (tot twaalf lagen!). Een bezoek aan de oude joodse begraafplaats in het hart van de wijk Josefov houdt de herinnering levend aan het leed van de Praagse joden onder het Derde Rijk.

Elitair!
Het was een goed bewaard geheim en slechts weinigen waren ingewijd: in de kelder van het Hotel Jalta aan het Wenceslausplein was een atoomschuilbunker ingericht voor de communistische elite. Beleef hier en nu de Praagse geschiedenis van heel dichtbij!

Het belangrijkste eerst

Dansen op 'Stalins voetenschrapper'
Vroeger stond in Praag het grootste standbeeld van Stalin in Europa. In 1962 viel het van zijn sokkel. Nu herinnert een grote slinger er aan de vergankelijkheid van de tijd. De in 1991 opgerichte 'Metronoom', een werk van de beeldhouwer Karel Novák, slaat de maat voor de Pragenaren. Aan de voet ontmoet de plaatselijke scene elkaar voor het uitgaan. Heel populair is de biertuin, alleen al om het mooie uitzicht.

Prague Food Tour
Lokale foodies nemen je mee op een tocht langs de beste restaurants van de stad. Niet goedkoop, maar een onvergetelijke ervaring met allerlei geheime tips en een inkijkje in de fijnproeverswereld van Praag. Het blog www.tasteofprague.com brengt je alvast in de stemming.

Oase van rust
Tot de hoogtepunten van een reis naar Praag behoort een bezoek aan de machtige burcht aan de Hradčany. Het kan er wel eens druk zijn. Duik enkele meters verderop in de romantische straatjes van Nový Svět onder in een oase van rust. Nog leuker is dat de voormalige armenwijk nu kunstenaarswijk is geworden.

Het lijkt hier Amsterdam wel!
In de voorsteden bruist het leven en de jongerenscene. Wie in het weekend door de Krymská in de voormalige vervallen wijk Vršovice wandelt en in een van de cafés plaatsneemt, waant zich in Amsterdam. Een must voor alle bezoekers die benieuwd zijn waar de plaatselijke jongeren uitgaan.

Op Praag word ik bij elk bezoek weer opnieuw verliefd! Ga met mij mee op een tocht door de Gouden Stad, die zijn tradities hooghoudt en zich steeds opnieuw uitvindt. Mijn persoonlijke link: www.wmweiss.com.

Vragen? Ideeën?

Laat het me weten! Mijn adres bij de ANWB:

 anwbmedia@anwb.nl

Dit is Praag

Kijk eens achter de schermen! Ook als je voor het eerst een bezoek aan Praag brengt. Wie namelijk door de straatjes van de Staré Město slentert, is vaak niet alleen onder de indruk van het unieke samenspel van stijlen, maar ook overweldigd door de massa's toeristen die elke dag door de misschien wel mooiste oude stad van Europa lopen. Wees gerust: Praag is veel meer dan een imposant openluchtmuseum. De stad leeft, experimenteert, ontdekt zichzelf steeds weer – en jij kunt het van dichtbij meebeleven. Ik neem je mee op een ontdekkingsreis: je zult de beroemde historische bezienswaardigheden van de stad in een nieuw licht zien en nieuwe plekken leren kennen. Want nergens liggen het nieuwe en het oude zo dicht bij elkaar als in Praag.

Ontwaakt uit een doornroosjesslaap

Praag werd wakker gekust uit zijn onvrijwillige doornroosjesslaap, die de stad was opgelegd door de nazibezetters en de communisten, door de zogenaamde Fluwelen Revolutie in 1989. Tot dan toe gold zijn wat morbide charme als geheime tip in het westen, maar toen begon een ware toeristenboom voor de stad. Terwijl de Pragenaren in allerijl de gevels van hun huizen verfden, stroomden drommen reizigers uit het westen naar de stad: zakenlieden, vakantiegangers, kunstenaars en avonturiers die voor de charme van dit bohemien juweel vielen. De metropool aan de Moldau rees als feniks stralend uit de as van de vergetelheid op.

Veel geprezen ...

De stad is echter niet pas sinds de val van het IJzeren Gordijn geliefd. *Praha*, de 'Gouden Stad' of de 'Stad met Honderd Torens', de 'Parel aan de Moldau', de 'Koningin der Steden' of gewoonweg de 'Moeder', de eretitels en bijnamen waarmee schrijvers en bezoekers Praag in de loop van zijn meer dan duizendjarige geschiedenis aanduidden, zijn talloos en allemaal lovend. Een reden daarvoor is de gunstige ligging: als zoveel legendarische steden strekt hij zich uit over zeven, nog altijd grotendeels onbebouwd gebleven heuvels. Midden door de stad kronkelt een rivier die van oudsher zowel onmisbare levensader als weergaloos decor is. De loftuitingen betreffen echter vooral de door mensenhand ontstane pracht van de stad: geen andere Europese metropool bezit een zo door bommen en natuurrampen gespaarde, door de eeuwen heen ontwikkelde ruimtelijke structuur. Geen wonder dat de UNESCO dit stijlhandboek van de architectuur tot werelderfgoed heeft uitgeroepen.

... en veel geplaagd

Van zijn door mythen omhulde begin tot het historische moment waarop schrijver en voormalig staatsvijand Václav Havel als president de Hradčany betrok, heeft Praag een turbulente en tegenstrijdige geschiedenis beleefd met veel bloedvergieten: om de hoofdstad van Bohemen werd ongewoon vaak en heftig gevochten. De bevolking moest vele malen ernstige

Dit is Praag

Op het plein van de Oude Stad gaat het er vrolijk aan toe.

aderlatingen ondergaan – de grootste ramp voltrok zich in de Dertigjarige Oorlog na de Slag op de Witte Berg in 1620, waarna alle protestanten werden verdreven, en rond de Tweede Wereldoorlog, toen Hitlers beulsknechten de Praagse joden deporteerden en uiteindelijk ook duizenden in Praag wonende Duitsers werden verdreven.

In de toekomst aangekomen

In de bijna dertig jaar die sinds de val van het IJzeren Gordijn zijn verstreken heeft Praag zich in allerlei opzichten enorm ontwikkeld. De regio behoort tot de welvarendste van Europa en bijna 1,25 miljoen Pragenaren zijn goed voor een vijfde van het bruto nationaal product. De Tsjechische industriële motor draait op volle toeren, niet in de laatste plaats dankzij de productie van elektrische en optische apparaten en speciaal radio- en televisietoestellen. En toch heeft Praag zijn mystieke aura behouden. Tussen de synagogen van Josefov en de middeleeuwse straatjes rond het plein van de Oude Stad zou je zomaar een alchemist, de golem of Franz Kafka kunnen tegenkomen. Beleef de idylle, die gemaakt lijkt voor verliefden, dromers en denkers!

Praag in cijfers

1,18
baby's brengt elke Tsjechische gemiddeld ter wereld. Als gevolg van dit lage geboortecijfer zal, volgens de demografen, de bevolking van Praag tot 2050 met een vijfde afnemen.

2
huisnummers vind je aan elk Praags huis. Het meestal hogere concriptienummer telt de huizen van een stadsdeel, het huisnummer telt op de vertrouwde manier de huizen in een straat.

5
Oscars kreeg Miloš Forman voor zijn film 'Amadeus', die voor een groot deel in de populaire filmstad Praag werd opgenomen.

5,5
miljoen gasten boeken jaarlijks ongeveer 15 miljoen overnachtingen bij het Praagse hotelwezen.

6
synagogen staan onder de hoede van het Joods Museum in Praag. Zoveel zijn er in geen enkele andere Europese hoofdstad.

8
jaar na de moord op John Lennon werd in 1988 een met mede door de ex-Beatle geïnspireerde graffiti en songteksten beschilderde muur aan de Malá Strana in Praag tot symbool van het verzet van de Praagse studenten tegen het communistische regime. Hij trotseerde alle pogingen om hem over te schilderen.

10
procent van het Praagse stadsoppervlak is bebost, tot grote vreugde van de inwoners, die erg van de natuur houden.

22
wijken verdelen de stad in Praag 1 tot Praag 22. Deze ordening werd in 2002 ingevoerd en komt niet overeen met de historische stadswijken, waarvan de namen ook bij toeristen bekend zijn.

53
meter onder de grond ligt het metrostation Náměstí Míru. Het is daarmee het diepstgelegen station binnen de EU.

144
liter bier drinken de Tsjechen gemiddeld per jaar – meer dan welk ander volk ter wereld ook.

216
meter hoog is de televisietoren in het stadsdeel Žižkov.

866
hectare van het historische stadscentrum is werelderfgoed van UNESCO.

5000
joden wonen er tegenwoordig weer in Praag. Hun gemiddelde leeftijd is sinds de Fluwelen Revolutie gedaald van destijds 80 tot 57 jaar.

8000
euro kost het recht om een dag lang op de Karelsbrug te filmen. Niettemin staan de filmproducenten in de rij.

12.000
grafstenen staan op de Oude Joodse Begraafplaats in Praag. De oudste dateert van 1439.

20.000
vierkante meter bedraagt het oppervlak van de Praagse burcht. Daarmee is hij de grootste middeleeuwse burcht ter wereld!

8000
duiven delen de straten en pleinen van Praag met 94.000 geregistreerde honden.

Wat is waar?

Meer dan in andere Europese hoofdsteden kennen grote delen van de Tsjechische hoofdstad nog steeds een middeleeuwse structuur. De historische kern is architectonisch gezien een reusachtig openluchtmuseum – een stijlboek van steen uit tien eeuwen, met het accent op gotiek en barok. De binnenstad heeft vijf wijken, die pas in 1784 tot één stad zijn samengevoegd. Je kunt ze gemakkelijk met het openbaar vervoer of lopend verkennen.

Praag strekt zich net als veel legendarische steden uit over zeven heuvels. Te midden daarvan stroomt een rivier, waarin acht eilandjes en waarover zestien bruggen liggen. Het is een van oudsher onmisbare levensader voor de stad en een weergaloos decor: de Moldau *(Vltava)*. Tussen de bocht in het noorden en de doorwaadbare plaats in het westen, waaraan de stad zijn naam dankt *(prah* = 'drempel') en waarover al vroeg een handelsroute liep tussen het Pools-Russische en het Duitse gebied, sloten zich in de 10e eeuw verschillende nederzettingen van kooplieden en ambachtslieden aaneen tot een stadje.

Oude Stad (Staré Město)
Ten oosten van de rivier vormt de Oude Stad, die in 1230 van koning Wenceslaus I als eerste gemeenschap aan de Moldau stadsrechten kreeg, nog altijd het hart van het historische Praag. In het midden ervan ligt het 9000 m² grote **Staroměstské náměstí** met het beroemde **Oudestadsraadhuis** (kaart 2, E 5). Eromheen strekt zich over 800 ha een architectonisch openluchtmuseum uit, met meer dan tweeduizend beschermde gebouwen. Een van de hoofdassen is de **Karlova**, het centrale gedeelte van de oude kroningsweg van de Boheemse koningen.
In het noorden grenst aan de Staré Město van Praag de voormalige joodse wijk **Josefov** (kaart 2, D/E 4/5), die als kernzone geldt van het veelgeroemde 'magische' Praag. De meeste gebouwen, zoals de elegante jugendstilhuizen in de **Pařížská**, zijn niet veel ouder dan honderd jaar. Daartussen vind je kostbare synagogen en de beroemde **Joodse Begraafplaats**. Aan de oostrand van de Oude Stad trekken de **Kruittoren** en aan de fruitmarkt het **Statentheater** de aandacht.

Kleine Zijde (Malá Strana) en Hradčany
Deze ruimtelijke structuur die zich eeuwenlang heeft ontwikkeld en grotendeels voor bommen en natuurrampen is gespaard, wordt ten westen van de Moldau de **Kleine Zijde** (B/C 4/5); je komt er het gemakkelijkst te voet over de legendarische Karelsbrug. Deze wijk is een barok kunstwerk dat in Europa zijn weerga niet kent. Hij werd na de bloedige godsdienstoorlogen een toevluchtsoord voor de adel, die vlak bij de St.-Nicolaaskerk en de burcht kolossale woningen liet bouwen. Spannende kunst, veel groen en fantastische panorama's wachten je op het eiland **Kampa**, in het **klooster Strahov** en op de heuvel **Petřín**.
Boven deze idylle verheffen zich, van verre zichtbaar op een heuvelrug, de Praagse **burcht** met de **St.-Vituskathedraal** en, ten westen daarvan, de schitterende burchtwijk **Hradčany** (A/B 4). Het centrum wordt gemarkeerd door de door adellijke en kerkelijke paleizen omzoomde Hradčanské náměstí.

Wat is waar?

Nieuwe Stad (Nové Město)

De beslissende stap in de richting van een bloeiende metropool zette Karel IV, toen hij ten zuiden van de Oude Stad in 1348 de **Nieuwe Stad** (ΩΩ D/E 7-9) stichtte. Waar eerst vooral geïmmigreerde handwerkers woonden, bruist nu het zaken- en culturele leven: bijvoorbeeld op het **Wenceslausplein** en in de voetgangerszone ten zuiden daarvan, het **Gouden Kruis**. Van de bezienswaardigheden noemen we vooral het **Museum van de stad Praag**, het **Nationale** en het **Muchamuseum**, het **Nieuwestadsraadhuis**, aan de Moldau het **Dansende Huis** van Vlado Milunič en Frank O. Gehry, het **National Theater** en in het noordoosten het **Gemeentehuis**. Aan de noordoostzijde lokken op de 'wijnberg' **Vinohrady** (ΩΩ F–H 6-8) Boheemse koffiehuizen en chique restaurants, in het zuiden de burchtrots van **Vyšehrad** (ΩΩ D/E 9/10).

Aan de stadsrand

Tegenwoordig omvat het stadsgebied een groot deel van het door de rivieren de Berounka en de Elbe (Labe) begrensde bekkenlandschap. Rond de door de groene eilanden Letná, Petřín en Vyšehrad ingesloten kern liggen nog acht stadswijken. Zij worden voor het merendeel gekenmerkt door industrie en systeembouw, zoals **Smíchov** (ΩΩ A/B 8-10), **Žižkov** (ΩΩ G/H 5/6) en **Holešovice** (ΩΩ G/H 1-3). In veel van deze vroeger vooral door arbeiders bewoonde wijken bloeit nu de hipstercultuur. In **Karlín** (ΩΩ G/H 4/5) bijvoorbeeld heeft zich een kleurige kunstenaarscene ontwikkeld, en in **Vršovice** (ten zuidoosten van ΩΩ H 8) zijn vintagecafés en concertkelders verrezen. In andere buurten in de omtrek, zoals **Dejvice** en **Bubeneč** (ΩΩ C/D 1/2), staan veel elegante villa's, waarin vaak ambassades zijn ondergebracht. Hier en meer naar het westen vind je kunsthistorische hoogtepunten in de kastelen **Troja** en **Stern** en het **klooster Břevnov**, en in de door Adolf Loos ontworpen **Villa Müller** een icoon van de klassiek-moderne architectuur.

Kodakmoment

Zonder bier gaat het niet

Er bestaan veel clichés en vooroordelen over de Pragenaren die niet kloppen. Dat hier meer bier wordt gedronken dan in welke plaats ook ter wereld, wordt echter door de statistiek bevestigd. Daarom is bier ook nu nog vaak de goedkoopste drank op de kaart. Je drinkt in de pivnice genaamde kroegen Tsjechisch tapbier dat de barman zo lang bijvult tot je uitdrukkelijk 'stop' zegt. Boze tongen beweren dat de lage bierprijs altijd al een probaat middel van de overheid is geweest om de veelgeplaagde bevolking in zware tijden onder de duim te houden. Of dat klopt of niet: tot nog toe heeft geen enkele regering het gewaagd de accijns op het bier te verhogen.

Baby's veroveren een monument

Bijna provocerend rijst de in 1985 opgerichte Praagse televisietoren in de wijk Žižkov uit de grond omhoog en staat zo in een scherp contrast met de historische Oude Stad. In 2002 schiep de bekende Tsjechische kunstenaar David Černý de 'Miminka' (baby's), die tegen de toren omhoog klauteren en bewerkstelligde zo dat de Pragenaren iets minder streng naar het gebouw keken.

Ontspannen aan de Moldau

In de afgelopen jaren hebben de Pragenaren ontdekt hoe heerlijk het is om aan de Moldau te ontspannen. De inwoners zijn dol op waterfietsen en drinken er op hun vrije avond graag een biertje. Hier, aan de Náplavka, is het op zomeravonden razend druk.

Het kompas van Praag

#2
Concept stores, mode, design – **shoppen in de Oude Stad**

#3
Het joodse Praag – **Josefov**

TRADITIONALISTEN IN DE WAR

SCHUILT HIER DE GOLEM ?

#1
Een lust voor het oog! – **Het Oudestadsplein**

Wie is de mooiste in het hele land?

WAAR BEGIN IK?

1 2 3

15 14 13 12

LEGENDEN ONTRAFELEN

#15
De wortels van de stad – **een uitstapje naar Vyšehrad**

Boheems tappen

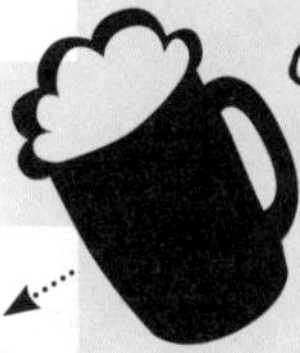

#14
Na zdraví! – **Kroegentocht door Praag**

INVASIE VAN DE REUZENBABY'S

'Wondertheater'

#13
Amsterdam aan de Moldau – **van Žižkov naar Karlín**

#12
Toverwereld – **Laterna Magika en het zwarte theater**

15 manieren om je onder te dompelen in de stad

Een lust voor het oog!
– het Oudestadsplein

Een wandeling over het beroemde Praagse plein vormt een perfecte inleiding op je bezoek. De reusachtige vlakte is een en al gezellige drukte en wordt omringd door architectonische meesterwerken van bijna duizend jaar oud. Het hoogtepunt is voor velen: de Astronomische Klok aan het raadhuis van de Oude Stad.

Vroeger en nu ontmoeten de Pragenaren elkaar op het Oudestadsplein. Alleen kletst men nu in een café of restaurant in plaats van op de markt.

Al zo'n duizend jaar is het meer dan 9000 m² grote Oudestadsplein, Staroměstské náměstí, het hart van het oude centrum. Al vroeg was het een knooppunt van belangrijke buurtwegen. Hier werden de eerste markten gehouden en vestigden zich de eerste inwoners. In de middeleeuwen was het plein ook de plaats waar executies, toernooien en vergaderingen plaatsvonden. Het verkeersvrije en bijna altijd druk door toeristen bezochte plein

Oudestadsplein #1

wordt omzoomd door prachtige, aanvankelijk vooral gotische, later barok uitgevoerde woonhuizen en paleizen. Het plein wordt gedomineerd door het wondermooie raadhuis van de Oude Stad met de Astronomische Klok. Prachtig zijn ook de gotische Týn- en de barokke Sint-Nicolaaskerk. Het monumentale **standbeeld van Jan Hus** 1 midden op het plein is van de hand van Ladislav Šaloun en werd onthuld op 6 juli 1915, de vijfhonderdste sterfdag van de Tsjechische nationale held. Honderd jaar later werd het gerenoveerd. De kerkhervormer wordt omringd door vervolgde geloofsbroeders en de expressie van het beeld doet denken aan het werk van Auguste Rodin. De messing streep die daar vlakbij over het plein loopt, markeert de **Poilednik**, de Praagse meridiaan waarmee vroeger de plaatselijke tijd werd berekend.

Oudestadsplein met raadhuis

De klok slaat

Toen de inwoners van de 'oude stad Praag' in 1338 van de koning het recht op zelfbestuur kregen, richtten ze een woonhuis op het marktplein in als **raadhuis van de Oude Stad** 2, dat zij gaandeweg uitbreidden. Pronkstukken van het overvloedig met wapens, sculpturen en wandschilderingen versierde complex zijn het laatgotische hoofdportaal, de erkerkapel en, binnen, verscheidene schitterende zalen. Bekijk bij de ingang vooral de mozaïeken van Mikoláš Aleš, en op de eerste verdieping de pronkkamer van het raadhuis met prachtige plafondschilderingen en de niet minder overvloedig gedecoreerde zittingszaal. Een van de mooiste uitzichten over de hele stad heb je vanaf de toren van het raadhuis. De inspannende klim omhoog is zeker de moeite waard! De belangrijkste attractie is echter de meer dan vijfhonderd jaar oude **Astronomische Klok**. Van 9 tot 23 uur tilt de Dood elk uur de zandloper op en luidt het doodsklokje. Dan komen de twaalf apostelen langs de twee smalle vensters. Tot slot kraait de haan en klinkt de slag van het uur.

Om de klok in alle rust te kunnen bekijken raad ik je aan kort na afloop van het spektakel te komen. Het echte meesterwerk is namelijk het cijferblad: daarop zijn niet alleen de uren te zien, maar ook de tekens van de dierenriem, de tijd van zonsop- en -ondergang, de sterrentijd en de jaargetijden, naast de datum en de bijbehorende naamdag. Dit topstuk werd meer dan zeshonderd jaar geleden

Dat uitgerekend een priester en christelijk hervormer tot de belangrijkste nationale helden van het overwegend atheïstische Tsjechië behoort, is alleen op het eerste gezicht tegenstrijdig. **Jan Hus** staat namelijk niet alleen voor de hervorming van de Kerk, maar ook voor het opkomende nationale bewustzijn van de Tsjechen: hij predikte in het Tsjechisch en ontwikkelde de taal aanzienlijk. Voor zijn verzet tegen de handel in aflaten en de hebzucht van de geestelijkheid betaalde Hus met zijn leven: in 1415 werd hij in Konstanz op bevel van de paus op de brandstapel verbrand.

#1 Oudestadsplein

gemaakt door de klokkenmaker Jan Růže ofwel Meester Hanuš. Het verhaal wil dat de burgers van Praag hem na voltooiing de ogen hebben uitgestoken, opdat hij niet nog zo'n mooie klok in een andere stad kon bouwen.

Wereldlijke bouwkunst?

Langs de zuidzijde van het plein rijgen prachtige huizen zich aaneen. Bijzonder mooi zijn het direc-

---

INFORMATIE EN OPENINGSTIJDEN

Raadhuis van de Oude Stad 2: binnen di.-zo. 9-18, ma. 11-18 uur, Kč 100. Op de begane grond van het raadhuis zit een **toeristenbureau** (dag. 9-19 uur). Hier kun je aan het begin van je eerste stadswandeling gratis plattegronden, brochures en inlichtingen krijgen.
Týnkerk 3: di.-za. 10-13, 15-17, zo. 10-12 uur, toegang gratis.
Sint-Nicolaaskerk 4: ma.-za. 10-16, zo. 12-16 uur, toegang gratis.

ETEN EN DRINKEN

De Oude Stad zit vol toeristenvallen die met goedkope menu's lokken. Rond het Oudestadsplein vind je echter nog een paar echt goede adressen, waar ook de plaatselijke bevolking graag komt. Betaalbaar en in een coole sfeer eet je rug aan rug met studenten in het **Mistral Café 1** (Valentinská 11, tel. 222 31 77 37, www.mistralcafe.cz, dag. 10-23 uur).
Als het 's avonds ook wat chiquer mag, ga je naar **Kalina 2** (Dlouhá 12, tel. 222 31 77 15, www.kalinarestaurant.cz, dag. 12-15, 18-23.30 uur), waar de Franse en de Tsjechische keuken uitstekend zijn samengevoegd.
De misschien wel beste koffie in de Oude Stad van Praag drink je bij **Original Coffee 3** (Betlémská 12, tel. 777 26 34 03, originalcoffee.cz, ma.-vr. 8-19 uur, za./zo. 10-19 uur). Pas wel op: hipsteralarm!

Uitneembare kaart 2, E 5 | Metro A Staroměstská

Oudestadsplein #1

Zo mooi verloopt de tijd.

te buurhuis van het raadhuis, het **huis U Minuty** (nr. 2), te herkennen aan de leeuw en de wandschilderingen met oude en Bijbelse taferelen, het laatbarokke **huis In de Gouden Eenhoorn** (nr. 20), waar Bedřich Smetana zijn muziekschool had, en het **Storchhuis** (nr. 16), waarvan op de jugendstilgevel de heilige Wenceslaus te paard te zien is.

De overvloed aan historische wereldlijke architectuur zet zich aan de oostkant voort. Prachtig zijn hier de aanvankelijk gotische, maar halverwege de 16e eeuw in Venetiaanse stijl verbouwde **Týnschool** en het **Goltz-Kinskypaleis** met zijn rococogevel (nr. 12), waarin een verzameling oosterse kunst en de kantoren van de Nationale Galerie zijn ondergebracht. Het 1300 jaar oude **Huis met de Stenen Klok** (nr. 13) is vermoedelijk de stadsresidentie geweest van koning Johan van Luxemburg en (tijdelijk) Karel IV. In de jaren 80 is het van de neobarokke versierselen ontdaan en verregaand teruggebracht in zijn originele staat van vroeggotisch torenhuis. Het is een mooi voorbeeld van de architectuur

De vele kraampjes in de Oude Stad van Praag doen anders vermoeden, maar de *trdelník*, *turtle neck* of boomstam genoemde cake behoort niet tot de traditionele Praagse zoetigheden, ook al wordt hij overal zo aangeboden. Echt klassiek Tsjechisch zijn de *kremrole*, *koláče* of *veneceks*.

#1 Oudestadsplein

In 1621 verloren de Bohemen bij de Slag op de Witte Berg van de katholieke Habsburgers in de strijd om de heerschappij in Bohemen. De Habsburgse keizer Ferdinand II vond dat nog niet genoeg en liet 27 protestantse edelen op het Oudestadsplein terechtstellen en voerde op brute wijze het katholicisme weer in in het land. Nog altijd herinneren 27 kruisen in het plaveisel aan dit treurige hoofdstuk in de geschiedenis.

van de herenhuizen van de 13e en 14e eeuw. Al enige tijd wordt het voor concerten en wisselende tentoonstellingen gebruikt.

Gotisch godshuis

Direct achter het eveneens bezienswaardige **huis In de Witte Eenhoorn** (nr. 15) verheft zich de grauwzwarte en buitengewoon indrukwekkende **Týnkerk** (Týnský chrám) 3. De Kerk van Onze-Lieve-Vrouwe van Týn, zoals de volledige naam luidt, is het opvallendste gotische religieuze bouwwerk van Praag. Het werd in de tweede helft van de 14e eeuw gebouwd. De puntgevel en de twee 80 m hoge torens met prachtige daken zijn van ongeveer honderd jaar later. In het drieschepige interieur, lange tijd wat donker, maar kort geleden grondig gerenoveerd, hielden in de tijd van de hussieten de radicale ultraquisten hun missen. Na de grote stadsbrand in 1679 kreeg de kerk een barokke aankleding. Hoogtepunten zijn de altaarstukken van Karel Škréta en het grafmonument van Tycho Brahe.

... en laatbarokke overvloed

Schuin daartegenover, in de noordwesthoek van het plein, staat nog een buitengewoon imposante kerk: de Kostel sv. Mikuláše. Deze **Sint-Nicolaaskerk** 4 is nog steeds het symbool van de vroegere hegemonie van de katholieke Kerk. Hij werd tijdens de vroege gotiek door Duitse kooplieden gebouwd, maar is nu in laatbarokke stijl uitgevoerd, evenals zijn naamgenoot in Malá Strana (waarmee je hem niet moet verwarren). De onvermoeibare architect Kilian Ignaz Dientzenhofer heeft de kerk in de jaren 30 van de 18e eeuw ontworpen. In het gebouw, met zijn twee torens en imposante, met een lantaarn bekroonde centrale koepel is sinds 1920 de reformatorische Tsjechoslowaakse kerk gevestigd. Het front is naar het zuidelijk gelegen plein gericht en met sculpturen van Anton Braun versierd. Ook het interieur is weelderig gedecoreerd.

De Týnkerk

Concept stores, mode, design – **shoppen in de Oude Stad**

De tijden van kitscherige souvenirs zijn voorbij: modern design, kubistische meubels en klassiek handwerk met een moderne twist verleiden je op je winkeltocht door de Oude Stad. Ook voor fashionista's heeft Praag heel wat te bieden.

2

Cartier, Hermes, Dior, Saint Laurent, Prada, Gucci of Boss, Hublot, Vertu: – ze zijn allemaal vertegenwoordigd in de Praagse winkelstraat Pařížská. Tussen de luxewinkels vind je echter ook steeds weer adresjes die ook voor Jan Modaal nog toegankelijk zijn. Een daarvan is **La Gallery Novesta**. Als een van de eerste richtte deze boetiek zich op de vaardigheden en de creativiteit van plaatselijke designers, die misschien morgen al in Parijs of Milaan bewonderende blikken zullen oogsten. Een vergelijkbaar concept volgt de sympathieke **Debut Gallery**, die direct aan het Oudestadsplein succesvol standhoudt te midden van de toe-

Boheems glas en kristal zijn nog altijd een succes. Fabrikanten als Artěl houden de designtraditie van het kubisme en de art deco hoog.

#2 Shoppen in de Oude Stad

ristenkitsch en ook prachtige sieraden verkoopt. Enkele hoeken verder brengt een andere kleine winkel spannende mode van plaatselijke ontwerpers: **Czech Labels & Friends** 🛍.

Glaswerk voor iedereen

Bij **Moser Crystal** 🛍 (hoek plein en Celetná) kun je je zwak voor kunstzinnige drink- en sierglazen, karaffen, vazen en elegant servies botvieren en de glasmakerstraditie van Noord-Bohemen bewonderen. Aan de moderne kant van dit eeuwenoude handwerk wijdt zich **Artěl-Glas** 🛍, waar je niet gek moet opkijken als een fraai vormgegeven vaas wordt gesierd door een doodshoofd of een vleermuis.

Boheemse kunstenaars staan van oudsher niet bekend om hun geremdheid en preutsheid. Martin Velišek en Aurel Klimt, die in hun studio poppen als hierboven voor animatiefilms ontwerpen, zijn daarop geen uitzondering.

Zoete en andere verleidingen

Na een inspannende winkeltocht betreden zoetekauwen in het **Chocolademuseum** 🛍 de zevende hemel. Een paar straten verder vallen liefhebbers van exclusieve modecollecties in katzwijm: in de **Bohème** 🛍 toont designer Hana Stocklassa haar collecties, die menig Parijs' of Milaans label er ouderwets uit laat zien!

Wat dacht je van een ommetje naar de idyllische **Týn** (toegang via Štupartská of Týnská)? Het uitgestrekte complex achter de gelijknamige kerk werd ongeveer duizend jaar geleden als herberg en opslagplaats voor buitenlandse kooplieden aangelegd en recent in een leuke winkelzone veranderd. Heel origineel: twee unieke winkels met **marionetten** 🛍 (nr. 1) en traditioneel **houten speelgoed** 🛍 (nr. 10) en het heerlijk geurende **Botanicus** 🛍, het hoofdadres van de internationale cosmeticaketen (nr. 3).

Kubistisch Mekka of mokka?

Een origineel slotakkoord wordt ingezet door het **Huis van de Zwarte Madonna** als icoon van het kubisme. **Galerie Kubista** 🛍 op de begane grond heeft uitgelezen kunstnijverheid uit die korte creatieve periode vóór 1914, toen Praagse ontwerpers gepassioneerd meeingen in de door Braque en Picasso gelanceerde stijl van de 'versplinterde vormen'. De prijzen liggen hoog, maar waar anders zijn nog nieuwe unieke originele meubels en stoffen te vinden? De replica's van lampen, klokken, vazen en koffiekopjes zijn voordeliger.

Shoppen in de Oude Stad #2

Een verdieping hoger zit **Grand Café Orient**, een uniek totaalkunstwerk. Het in 1912 door Josef Gočar in loepzuivere kubistische stijl ontworpen café werd in 1992 in zijn originele staat teruggebracht en heropend.

INFORMATIE EN OPENINGSTIJDEN

Vuistregel: meeste winkels zeven dagen per week zonder middagpauze vanaf 9 of 10 tot zeker 19 uur open. Sommige in de zomer zelfs tot 22 uur.
Gallery Novesta 🛍: Elišky Krásnohorské 9, www.lagallery.cz.
Debut Gallery 🛍: Malé Náměstí 12, www.debutgallery.cz.
Czech Labels & Friends 🛍: Železná 12, www.csoriginal.cz.
Moser Crystal 🛍: hoek Ring/Celetná, www.moser-glass.com.
ARTĚL-Glas 🛍: Celetná 29, www.artelglass.com.
Chocolademuseum 🛍: Celetná 10, www.choco-story-praha.cz.
La Bohème 🛍: Dušní 8, www.boheme.cz.
Botanicus 🛍: Týn 3, www.botanicus.cz.
Galerie Kubista 🛍: Celetná/hoek Fruitmarkt.

ETEN EN DRINKEN

Ideaal voor een pauze tijdens het winkelen is **Kafka Snob Food** ❶ (Široká 9, tel. 725 91 55 05, dag. 10-22 uur, hoofdgerechten vanaf Kč 150), waar ook in het centrum werkende Pragenaren graag lunchen.
Aan te bevelen voor een snelle hap tussendoor is ook **Bakeshop Praha** ❷ (Kozí 1, tel. 222 31 68 23, www.bakeshop.cz, dag. 7-21 uur) met zijn verrukkelijke bakcreaties.
Voor een stevige versterking na gedane winkelarbeid ga je naar het steakrestaurant **George Prime Steak** ❸ (Platnéřská 19, tel. 226 20 25 99, http://georgeprimesteak.com, dag. 12-14.30, 18-22.30 uur).

Uitneembare kaart 2, D/E 4/5 | **Metro A** Staroměstská

Het joodse Praag – Josefov

Ben je al eens in een synagoge geweest? Zo niet, dan is er in Europa geen betere plaats om daar verandering in te brengen. Niet één, maar vijf synagogen en de beroemde Joodse Begraafplaats behoren tot het Joodse Museum van Praag, in het stadsdeel Josefov: je krijgt er een spannende blik op de lange en tragische geschiedenis van de joodse bevolking van Praag.

De balans tussen kunst en commercie is altijd heikel geweest. In de Franz-Kafkashop wordt de herinnering aan dit exponent van de plaatselijke Duitstalige literatuur zonder veel omwegen te gelde gemaakt.

Het is al meer dan duizend jaar geleden dat zich in de schaduw van de Praagse burcht joden vestigden. De geschiedenis van Josefov, de joodse nederzetting aan de noordwestrand van de Oude Stad, gaat terug tot ongeveer 1150. In de 16e eeuw kreeg deze wijk het karakter van een getto, maar wie er vandaag de dag doorheen loopt, ziet geen bochtige steegjes en middeleeuwse huizen

meer, maar deftige boulevards, geflankeerd door bomen en schitterende jugendstilgebouwen.

Een stadsdeel in ontwikkeling

Na de revolutie van 1848 kregen de joden eindelijk alle burgerrechten van de keizer. De welgestelden verlieten Josephstadt, zoals de wijk toen nog heette, en de wijk verkommerde al snel. Vlak voor 1900 werd hij 'gesaneerd', dat wil zeggen: compleet gesloopt en vervangen door moderne woonhuizen en kantoren van Parijse elegantie. In feite bleven alleen het joodse raadhuis, de Oude Begraafplaats en zes synagogen bewaard. En de sfeer is er ook nog, die een bezoek aan dit gebied tot een bijna mystieke ervaring maakt.

In de voetsporen van Kafka

Het beste vertrekpunt voor deze wandeling is het bronzen **Franz-Kafkamonument** 1 op de hoek van Maiselova en Náměstí Franze Kafky. De onsterfelijke schrijver, het symbool van de laatste bloei van de Praagse joodse cultuur, kwam op 3 juli 1883 in **U radnice 5** ter wereld. Er is een kleine expositie over zijn leven en werk in het café, dat tegenwoordig in dat gebouw is gevestigd, ingericht.

Hitler en zijn duivelse plan

Een van de perverse doelstellingen van de nationaalsocialisten was om aan de Moldau een 'Museum voor een uitgestorven ras' in te richten. Uitgerekend aan dit plan 'dankt' het huidige Joodse Museum zijn enorme collectie van uit heel Bohemen en Moravië bij elkaar geroofde kunstschatten. Het museum werd al in 1906 gesticht en was in Europa een van de eerste in zijn soort. Nu omvat het voornamelijk vier synagogen, waarin je in op elkaar afgestemde tentoonstellingen informatie vindt over de joodse geschiedenis van Praag.

Begin je synagogewandeling in de Široká 3: de in 1535 gestichte **Pinkassynagoge** 2 dient als gedenkplaats voor de bijna 80.000 joodse Tsjechen die ten prooi zijn gevallen aan de destructieve waanzin van de nationaalsocialisten. Op de muren binnen zijn de namen van de doden geschreven en de tentoonstelling laat brieven en kindertekeningen zien uit het concentratiekamp

RUSTPLAATS

Omdat volgens joodse traditie graven niet geschoond mogen worden, stapelen zich op de Oude Joodse Begraafplaats van Praag meer dan 100.000 graven op, in talloze lagen boven elkaar. De oudste grafsteen stamt uit 1439. Franz Kafka's graf zul je hier vergeefs zoeken. De schrijver ligt op de in 1890 geopende Nieuwe Joodse Begraafplaats in het stadsdeel Žižkov (▶ blz. 69) begraven.

Nieuw leven in de oeroude straten van Josefov: in 1999, tijdens de Fluwelen Revolutie, telde de joodse gemeente van Praag slechts zevenhonderd leden, als gevolg van de nazitijd. Inmiddels wonen er weer meer dan tweemaal zoveel joden.

Theresienstadt. Een shockerende getuigenis van de grootste misdaad van de 20e eeuw.

De **Maiselsynagoge** 3 aan Maiselova 10 stamt ook uit de 16e eeuw, maar werd neogotisch verbouwd. Hier is de geschiedenis van de joden in de Tsjechische landen vanaf het begin tot de tijd van de verlichting vastgelegd. Centraal staan de juridische en sociale positie van de joden in de middeleeuwen en de verworvenheden van joodse geleerden uit de 'gouden tijd' rond 1600.

Om de hoek, aan U Starého hřbitova 3a staat de **Klausovasynagoge** 4. In deze synagoge, die zijn huidige vorm heeft gekregen na de grote gettobrand van 1689, worden de tradities van het dagelijks leven en de bijzondere gebruiken bij feesten belicht. Meteen daarnaast ligt de **Oude Joodse Begraafplaats** 5 – een plek met een bijzondere magie. Zo'n 12.000 grafstenen staan en liggen hier door elkaar. Het belangrijkste graf is dat van de in 1609 overleden rabbijn Löw, de mythische schepper van de golem. Ook veel andere grote geesten hebben hier echter onder oeroude bomen hun laatste rustplaats gevonden.

Op bezoek bij de golem

Ook het voormalige mortuarium naast de uitgang, de Ceremoniezaal, verdient een bezoekje. De route loopt verder naar de **Oud-Nieuwsynagoge** (Červená 2) 6. Het tweeschepige gebouw met hoog zadeldak dateert van de 13e eeuw en is daarmee

INFORMATIE EN OPENINGSTIJDEN
Franz-Kafkamonument 1: tentoonstelling de gehele dag geopend.
Pinkas- 2, **Maisel-** 3 en **Klausensynagoge** 4, **Oude Joodse Begraafplaats** 5, **Spaanse Synagoge** 7: tel. 222 31 71 91, www.jewishmuseum.cz, zo.-vr., behalve op joodse feestdagen, 1 jan.-25 mrt. 9-16.30, eind mrt.-eind okt. 9-18.30, eind okt.-31 dec. 9-16.30 uur.
Tickets voor het Joods Museum (Kč 300) zijn verkrijgbaar in het informatie- en reserveringscentrum aan de Maiselova 15 of in de Spaanse Synagoge, de Klausensynagoge of de Pinkassynagoge, online op www.jewishmuseum.cz. Let op: voor de Oud-Nieuwsynagoge moet je een apart kaartje (Kč 200) kopen. Het is ook mogelijk om online een combiticket aan te schaffen.

Oud-Nieuwsynagoge 6: zo.-vr., behalve op joodse feestdagen, jan.-mrt. 9-17, apr.-okt. 9-18, nov./dec. 9-17 uur.

ETEN EN DRINKEN
Zin in de joodse keuken? In het oudste joodse restaurant van Praag, **King Solomon** 1 (Široká 8, tel. 224 81 87 52, www.kosher.cz, zo.-do. 12-22.30 uur) eet je in een gezellige, elegante omgeving heerlijke *gefillte fisch*, steaks, tsjolent, hummus en nog veel meer. Jong en ongedwongen gaat het toe bij **home kitchen** 2 (Kozí 5, tel. 774 90 58 02, www.homekitchen.cz, ma.-wo. 7.30-22, do.-za. tot 23 uur), dat creatieve varianten van traditionele gerechten, zoals rodebietensoep of lam in muntsaus serveert.

Uitneembare kaart 2, D/E 4/5 | **Metro A** Staroměstská

#3 **Josefov**

Grafstenen op de Oude Joodse Begraafplaats. De oudste dateert van 1439. De laatste begrafenis vond hier in 1787 plaats.

Je hebt vast weleens van de golem gehoord. Volgens de legende zou hij door de beroemde rabbi Löw aan het eind van de 16e eeuw uit leem zijn gemaakt om zijn geloofsbroeders te beschermen. De restanten zouden volgens een van de verhalen nog altijd op de zolder van de Oud-Nieuwsynagoge liggen. Durf je dat te controleren?
Een griezelige klassieker is 'De Golem' van Gustav Meyrink.

de oudste synagoge die nog als zodanig wordt gebruikt. Het is een van de eerste vroeggotische bouwwerken van Praag en heeft ribgewelven, spitsbogenramen en andere fraaie architectonische details. De huizen in de omgeving hebben steeds eerbiedig afstand bewaard en de synagoge is dan ook gespaard gebleven voor grote branden. De inrichting van de Oud-Nieuwsynagoge is kostbaar en nog steeds in vrijwel oorspronkelijke staat. Deze oudste synagoge van de stad is van oudsher het werkterrein van belangrijke rabbijnen. Bijzonder om te bekijken zijn het spreekgestoelte (bima) voor de voorzanger, de thoraschrijn, de bronzen kroonluchters en het 'hoge vaandel', het officiële banier van de joodse gemeente uit de tijd van Karel VI.

Joods heden

De wandeling wordt afgesloten met de 300 m verder gelegen **Spaanse synagoge** [7] (Vězeňská 1). Het in goud uitgevoerde interieur biedt plaats aan het tweede deel van de historische rondgang, waarmee je weer in het heden belandt.

Hier worden regelmatig religieuze concerten en joodse feesten gehouden. Zijn naam dankt de Spaanse synagoge overigens aan de Moorse bouwstijl en niet aan sefardische joden, zoals vaak wordt gesuggereerd.

In het spoor van koningen – **op de oude Kroningsweg**

#4

Eeuwenlang trokken de Boheemse troonopvolgers in vol ornaat van de oostelijke poort over het Staroměstské náměstí door de Karlova en over de rivier naar de Sint-Vituskathedraal. De kernzone van de oeroude processieweg af te lopen is ook in republikeinse tijd een aantrekkelijk ritueel.

Vanaf het Staroměstské náměstí loop je langs het raadhuis van de Oude Stad, eerst naar het **Malé náměstí**. Dit charmante, driehoekige plein wordt omzoomd door mooie barokgevels. Laat je niet overhalen om een van de hier klaarstaande oldtimertaxi's te nemen, want het gaat om het lopen! Je loopt door, de **Karlovastraat** in, die zo'n 500 m verder bij de Moldau uitkomt. Het is hier vaak een gedrang van jewelste, want deze

Door de extreme brandpuntsafstand lijkt de koepel van de Nicolaaskerk aan de Kleine Zijde onwerkelijk dicht bij de heiligenbeelden op de Karelsbrug te staan.

#4 Oude Kroningsweg

smalle straat is ten prooi gevallen aan de commercie en er zijn vaak opstoppingen. Het is er druk, er zijn veel goedkope souvenirwinkeltjes en fastfoodtentjes, maar toch is er van alles te zien: op de hoek van de Husovastraat bijvoorbeeld het **Clam-Gallaspaleis** 1, met zijn massieve, door atlanten gedragen barokportaal. Verderop kom je bij het **Marionettentheater** 2 en het **Johannes-Keplermuseum** 3.

INFORMATIE EN OPENINGSTIJDEN

Marionettentheater 2: Karlova 12, dag. 11-23 uur, tel. 730 97 16 77.
Johannes-Keplermuseum 3: Karlova 4, www.keplerovomuzeum.cz, di.-zo. 10-18 uur, Kč 60.
Clementinum 4: tel. 733 12 92 52, jan./feb. dag. 10-16.30, mrt.-okt. tot 19, nov./dec. tot 18 uur; alleen rondleiding (elk halfuur, duur 45 min.), Kč 220, combiticket met concert ca. Kč 650.
Franciscuskerk 5: apr.-nov. dag. 10-19 uur, 's winters alleen inkijk door de glazen deur; 's zomers bijna dag. orgelconcerten (www.jchart.cz).
Karelsbrug-torens 6: Oude Stad (astronomisch-astrologische expositie) en Malá Strana (permanente tentoonstelling over de geschiedenis van de Karelsbrug) apr.-sept. dag. 10-22, okt., mrt. 10-20, nov.-feb. 10-18 uur, Kč 75.

ETEN EN DRINKEN

Wil je lekker eten terwijl je uitkijkt op de prachtige Karelsbrug? Geen probleem. Langs de Moldau in Malá Strana zit een hele rij restaurants.
Een van de mooist gelegen eetgelegenheden is **Hergetova Cihelna** 1 (Cihelná 2b, tel. 296 82 61 03, www.kampagroup.com, dag. 11.30-1 uur). Een prachtig uitzicht heb je ook vanuit het degelijke eethuis **Čertovka** 2 (U Lužického semináře 24, tel. 257 53 22 05, www.certovka.info, dag. 11.30-24 uur). Altijd geldt: voor een tafeltje met uitzicht moet je reserveren. Ga voor een lekker kopje koffie naar de winkel van de keten **Ebel Coffee** 3 (Retezová 9, tel. 603 82 36 65, dag. 8-20 uur). Hier worden ook broodjes, stokbroodjes en kleine snacks geserveerd.

Uitneembare kaart 2, C–E 5 | Metro A Staroměstská

Oude Kroningsweg #4

Midden in de Contrareformatie

Daar waar de Karlovastraat wat breder wordt, staat rechts het **Clementinum** 4, het indrukwekkende, 2 ha grote complex dat meer dan tweehonderd jaar lang het machtscentrum was van de jezuïeten, die ijverden voor het katholicisme. Het Clementinum bestond uit drie kerken, woon- en studeercomplexen, een school, een bibliotheek, een drukkerij, een theater en een sterrenwacht. Vandaag de dag zijn er in het voormalige college verscheidene bibliotheken met in totaal 5 miljoen boeken ondergebracht. De barokke bibliotheekzaal van de hand van K.I. Dientzenhofer is vrij toegankelijk.

De Karelsbrug

Over de Karelsbrug

Op het Kruisridderplein, aan het einde van Karlova, zie je rechts de in de 13e eeuw door Agnes van Bohemen gestichte **Franciscuskerk** 5 en schuin daartegenover de bij het Clementinum behorende **Sint-Salvatorkerk**. In het midden houdt sinds 1848 – toen het vijfhonderdjarig bestaan van de Karelsuniversiteit gevierd werd – Karel IV de wacht over het gewoel.

Misschien maak je nog even een kleine buiging voor **Bedřich Smetana**, die een stukje naar links, direct aan de rivier, meer dan levensgroot in brons gegoten over Hradčany uitkijkt. En dan ben je toch echt bij de wereldberoemde **Karelsbrug** 6, hét symbool van het romantische Praag. De brug is 10 m breed en 520 m lang, heeft zestien bogen en verbindt de Oude Stad met Malá Strana (Kleine Zijde). Op deze plek lag al in het midden van de 12e eeuw een stenen brug, maar nadat die door een overstroming vernield was, liet Karel IV in 1357 een nieuwe bouwen. De bouwmeester van de dom, Peter Parler, heeft bij de bouw een belangrijke rol gespeeld. De naam 'Karelsbrug' kreeg hij pas veel later. Tot 1870 heette de brug eenvoudigweg 'Stenen brug' (Kamenný most).

De brug, die al lang voetgangersgebied is en de laatste jaren stap voor stap gerestaureerd wordt, ontleent zijn bijzondere charme aan de allee met dertig heiligenbeelden. Ook deze behoorden niet tot de basisinventaris van de brug, maar werden voor het grootste deel in de 18e eeuw als schenkingen van verschillende kloosterorden geplaatst. Bij de meeste beelden gaat het inmiddels om replica's (de originelen staan

Een veel gehoorde mythe vertelt dat door de metselspecie van de Karelsbrug eieren zouden zijn gemengd om hem steviger en beter belastbaar te maken. In ieder geval sinds 2009 staat echter vast dat deze overlevering verzonnen is. In het kader van de reconstructiewerkzaamheden werd het bouwmateriaal geanalyseerd. Door de 'Romeinse mortel' werd wel kwark en wijn gemengd. Hoe het precieze recept ook luidde: het heeft de brug robuust gemaakt, want door de jaren heen heeft hij zware overstromingen doorstaan.

#4 Oude Kroningsweg

De kleuren van de vrijheid: de huidige graffiti op de John-Lennonmuur zijn grotendeels na de overstroming van 2002 aangebracht.

in het Lapidarium van het Nationaal Museum, ▶ blz. 77).

Aan beide zijden van de brug staan indrukwekkende **torens**. Aanvankelijk dienden ze ter verdediging en representatie van de stad; tegenwoordig kun je ze beklimmen. De toren aan de kant van de Oude Stad gaat door voor de mooiste van Europa. De versieringen zijn prachtige staaltjes van gotische beeldhouwkunst, waarschijnlijk vervaardigd in de werkplaats van Parler. De toren aan de kant van Malá Strana bestaat eigenlijk uit twee torens. De hoogste werd in 1464 gebouwd, de laagste was onderdeel van de oorspronkelijke brug (de Judithbrug) en is meer dan achthonderd jaar oud.

Rijp voor de Kampa

Tot slot kun je via steile trappen afdalen naar het eiland Kampa. Dit wordt door de **Čertovka** (Duivelsbeek) van Malá Strana gescheiden. Tot de 16e eeuw stonden er alleen enkele molens, maar nu wordt het Kampaplein omringd door een rij prachtige huizen, in de volksmond 'Klein Venetië' genoemd. Hier zijn de afgelopen jaren enkele creatieve designwinkels en leuke cafés geopend.

Heb je nog tijd om de beek over te steken naar de **John Lennonmuur** 7 op het Grootmeestersplein (Velkopřevorské náměstí)? De muzikant is tijdens zijn leven nooit in Praag geweest, maar zijn naam is wel sterk met de stad verbonden. Een jaar nadat hij in 1980 werd vermoord schilderden onbekenden zijn portret op de muur. Toen de communistische regering dit wilde verwijderen, raakte zij in conflict met de non-conformisten. Steeds opnieuw werd de muur met citaten uit Beatlesliedjes en kritische slogans beschilderd. Het Praagse 'Lennonisme' ontstond hier.

De John-Lennonmuur op het Grootmeestersplein aan de Kleine Zijde herinnert aan de symbolenstrijd die in de jaren 80 woedde. Oorspronkelijk was hij een herinnering aan de pacifistische popster, maar de muur ontwikkelde zich tot een forum van verzet tegen de overheid. Regelmatig werden destijds kunstenaars gearresteerd en hun tekeningen verwijderd.

Hier zetelt de macht – **de Praagse burcht**

Hij is de zetel van de president van de republiek, het brandpunt van de nationale geschiedenis en herbergt een unieke kunstverzameling. Je raadt het al: het gaat over de Pražský hrad, de Praagse burcht – een vijfsterrensymbool dat niet op je programma mag ontbreken!

Sinds de Přemysliden rond het jaar 1000 op de heuvelrug aan de linker Moldauoever hun eerste, houten, burcht bouwden, werd vooral op Hradčany over het lot van de Tsjechen beslist. De bezichtiging van het reusachtige complex is als een reis naar het verleden. Kunstschatten, paleizen, kerken en tuinen van meer dan duizend jaar geleden rijgen zich aaneen. Voor een bezoek aan de burcht heb je geen kaartje no-

Betoverend moment op een late namiddag: uitzicht op de in zacht licht gezette Týnkerk voor de burcht en de Sint-Vituskathedraal op de Hradčany.

#5 **De Praagse burcht**

Gevoel voor schoonheid ontwikkelen: waar kun je dit – niet alleen als kunststudent – beter doen dan in de Sint-Vituskathedraal?

dig, maar wel voor de toegang tot de historische bezienswaardigheden en de musea (▶ blz. 80).

Het nationale heiligdom van de Tsjechen

Het bouwkundige en geestelijke middelpunt van het terrein is de **Sint-Vituskathedraal** (Katedrála sv. Víta) **1**. Hier zijn meer dan dertig koningen en koninginnen gezalfd en liggen vijftien van hen begraven. Je komt er vanaf het ten westen van de burcht gelegen Hradčanské náměstí: loop door het met strijdende giganten bekroonde sierhek naar de eerste binnenplaats, en vervolgens door de Matthiaspoort naar de tweede binnenplaats. De eerste steen voor het overwegend gotische kerkgebouw werd in 1334 gelegd door de Boheemse koning Karel IV. De belangrijkste bouwmeesters waren Matthias van Arras en Peter Parler.

De hoogtepunten van de ongelooflijk rijke inrichting zijn in het koor het **zilveren reliekaltaar van de heilige Nepomuk**, aan de noordzijde de **Oude Sacristie** met prachtige gewelven, daartegenover de **kapel van het Heilig Kruis en van Maria Magdalena**, daartussen het **Vladislav-oratorium** en, ook aan de zuidzijde, de **Wenceslauskapel**,

De Praagse burcht #5

die versierd is met meer dan 1300 juwelen. Hier worden de stoffelijke resten van deze Boheemse vorst en stadspatroon bewaard. In de crypte hebben onder anderen Wenceslaus IV, Rudolf II en Karel IV met zijn vier echtgenotes hun laatste rustplaats gevonden. Een heimelijk hoogtepunt van de kathedraal is het door Alfons Mucha ontworpen **venster** in de derde kapel.

Als je via het hoofdportaal aan de westzijde weer buitenkomt, loop je tegen de klok in naar het (zuid)westen. Je komt langs de **Oude Proosdij** 2, loopt dan langs het gotische ridderstandbeeld van Sint-Joris en staat ten slotte voor het zuidportaal van de kerk. Door deze beroemde, rond 1370 door Venetiaanse kunstenaars met mozaïeken versierde **Gouden Poort** (Zlatá brána) plachten de koningen vanaf de Koninklijke Route de dom te betreden.

Na een uitvoerige rondleiding door het interieur van de Sint-Vituskathedraal kun je de bijna 100 m hoge hoofdtoren van de kathedraal beklimmen. Na een klim van bijna driehonderd treden word je beloond met een adembenemend stadspanorama en een fascinerende blik van dichtbij op het vierhonderd jaar oude uurwerk (apr.-okt. 10-18, nov.-mrt. tot 17 uur).

Koninklijk paleis en Sint-Joriskloooster

Sla vooral een bezoek aan het **oude koninklijke paleis** 3 niet over. Vooral de Vladislavzaal is erg de moeite waard. In deze ruimte, 62 m lang en met een plafond met prachtig vervlochten ribgewelf, vond vroeger de verkiezing van de koning plaats en sinds 1934 van de president van de republiek. Ook werden er landdagen en toernooien gehouden. In het souterrain van de aangrenzende vleugel is een museum gevestigd dat de geschiedenis van de burcht belicht.

Aan de oostzijde van de centrale binnenplaats verheft zich de **Sint-Jorisbasiliek** 4, het oudste religieuze bouwwerk op de Hradčany. Achter de rood-gele barokgevel gaat een prachtig sober interieur schuil, dat nog de pure romaanse sfeer ademt. Het aangrenzende klooster, duizend jaar geleden gesticht en oorspronkelijk van de benedictijnen, huisvestte tot 2011 een prachtige collectie Boheemse schilderkunst en sculpturen uit de 19e eeuw. Het overgrote deel van deze verzameling is nu ondergebracht in het **Salmpaleis** 5 tegenover de hoofdingang.

Gouden Straatje

Als je een ommetje maakt, kom je aan de noordkant bij de **Kruittoren** (Mihulka) 6, die onder meer een interessante permanente tentoonstelling over de hussieten herbergt. Daarna beland je in het be-

Een spektakel dat een film waardig is, is de aflossing van de wacht op de Praagse burcht, die elk vol uur wordt gehouden en vooral 's middags spectaculair is. Een bijdrage aan het schouwspel werd geleverd door een echte Oscarwinnaar. De uniformen werden namelijk in 1990 door de kostuumontwerper van Miloš Forman, Theodor Pištěk ontworpen. Deze zorgde onder andere in de film 'Amadeus' voor de kostuums.

#5 De Praagse burcht

roemde **Gouden Straatje** (Zlatá ulička) [7], dat overdag alleen met een combinatieticket toegankelijk is (mijn tip: na 17 uur is de toegang gratis en is het rustiger). Dit smalle straatje met kinderhoofdjes in de noordoosthoek van de burcht is het prototype van het schilderachtige middeleeuwse Praag. In de 24 nietige huisjes onder de weergang, waar nu souvenirwinkeltjes gevestigd zijn, woonden volgens de overlevering de alchemisten van keizer Rudolf II, die probeerden goud te maken. Dit verhaal behoort weliswaar tot het rijk der fabelen, omdat het

INFORMATIE EN OPENINGSTIJDEN

Je bereikt de Praagse burcht lopend vanaf metrostation Malostranská (lijn A) via de oude slottrap of Nerudova. Alternatief: met tram 22 tot halte Pražský hrad, dan over de Kruitbrug of naar Pohořelec en via de Loretánská naar beneden.
Informatie op www.hrad.cz, kaartjes voor de historische locaties, evenementen en rondleidingen zijn verkrijgbaar op het burchtterrein in het **Infocentrum op de derde binnenplaats**, toegangskaarten dag. 9-17, 's winters tot 16 uur, ook op de tweede binnenplaats, naast de Heilig Kruiskapel. Soms is de wachtrij hier korter. Kaartjes 250-Kč 350.
In het hoogseizoen (apr.-okt.) is het terrein van de burcht 6-22 uur geopend, en de gebouwen 10-18 uur, in de wintermaanden gelden de volgende openingstijden: 6-22 uur (burcht) en 10-17 uur (bezienswaardigheden).

Burchtmuseum in het Oude Koningspaleis [3]: extra Kč 140.
Salmpaleis [5]: Hradčanské náměstí 2, di.-zo. 10-18 uur, www.ngprague.cz, Kč 300.
Kruittoren [6]: dag. 9-17, 's winters tot 16 uur, Kč 70.

ETEN EN DRINKEN

Wie trek krijgt, kan terecht in het charmante **café van het Lobkowiczpaleis** [1] (tel. 233 35 69 78, 10-18 uur). Vanaf het balkon heb je een van de mooiste uitzichten over de stad.
Je dorst les je na je culturele wandeling geheel in Praagse stijl in het gezellige **Pivnice U Černého vola** [2] (Loretánské náměstí 1, tel. 220 51 34 81, dag. 10-22 uur), slechts enkele minuten van de burcht verwijderd, een authentieke bierhal met uitstekend tapbier.

Uitneembare kaart B/C 4 | Metro A Malostranská

De Praagse burcht *#5*

In de Oude Stad van Praag klinkt altijd muziek.

straatje genoemd is naar de goudsmeden die hier tussen de burchtwachten en de armen woonden. Op nummer 22 woonde in 1916-1917 **Franz Kafka**.

En tot slot nog wat musea

Liefhebbers van oude meesters mogen het **Lobkowiczpaleis** 8 niet overslaan. Het paleis, niet te verwarren met zijn naamgenoot onder aan de Vlašská, stamt in de huidige vorm, met zijn mooie wandschilderingen, grotendeels uit de 17e eeuw. Er is een permanente expositie te zien van werk van onder anderen Breughel, Velazquez en Canaletto. Ook zijn er handschriften van Mozart en Beethoven te bewonderen.

We besluiten onze wandeling en lopen op de terugweg op de tweede binnenplaats van de burcht nog even binnen in de **Burchtgalerie** 9. Daar zie je wat er is overgebleven van de na de Dertigjarige Oorlog in alle windrichtingen verstrooide schilderijenverzameling van Rudolf II met onder andere werk van Titiaan, Tintoretto, Veronese en Rubens.

Bijna spreekwoordelijk is de historisch overgeleverde gewoonte van de Praagse adel om zich van ongeliefde heersers te ontdoen door ze uit het raam te gooien. In de Praagse burcht kwam defenestratie tweemaal voor. Deze opstandigheid heeft de Pragenaren noch in 1419 noch in 1618 geluk gebracht. De tweede maal overleefden de slachtoffers hun val, maar leidde het voorval tot het uitbreken van de Dertigjarige Oorlog, een van de bloedigste conflicten in de geschiedenis.

→ OM DE HOEK

Met recht wordt de Praagse burcht tot de populairste bezienswaardigheden van de stad aan de Moldau gerekend – en er komen dan ook veel bezoekers. Kom daarom al om 10 uur 's ochtends of laat in de middag. Door de week kan het soms ook heel rustig zijn. Heb je genoeg van de drukte op de burcht? Ontspan je dan in **Nový Svět**. Met zijn smalle, verstilde straatjes behoort die tot de absolute geheime tips van het stadsdeel Hradčany.

Adellijk plezier – de paleistuinen van de Kleine Zijde

Na het bekijken van de historische gebouwen en musea op de Hradčany is het overvloedige en gevarieerde groen bij de burcht een verademing. In de koninklijke tuinen ten noorden van de burcht en in de kostbaar ingerichte paleistuinen aan de stadskant kom je op adem en kun je genieten van geraffineerde landschapsarchitectuur.

Aan de aristocratische drang representatief te zijn, dankt het huidige Praag zijn groene longen in de binnenstad.

Je kunt je veel klimmen en dalen langs lange trappen besparen als je eerst op je gemak door de **koninklijke tuinen** (Královská zahrada) wandelt. Deze liggen op hetzelfde niveau als het burchtcomplex. Ze zijn halverwege de 16e eeuw

Kleine Zijde #6

door Ferdinand I aangelegd en door Rudolf II smaakvol ingericht. Al bij de aanleg baarde de exotische beplanting veel opzien: hier waren veel mediterrane soorten, zoals de befaamde tulp uit Turkije, voor het eerst ten noorden van de Alpen te zien. De **ingang** 1 ligt vlakbij: vanuit de tweede binnenplaats over de Kruitbrug, tegenover de vroegere **manege** (Jízdárna) 2. Langs het **balhuis** (gebouwd in 1567-1569) en de oranjerie flaneer je langs de geometrisch aangelegde bloemperken naar het **Belvedère** 3. Dit lustslot van koningin Anna, dat een prachtig uitzicht over de stad geeft, geldt als het belangrijkste renaissancebouwwerk van de stad en is onlangs compleet gerenoveerd. Luister ook naar de 'zingende' fontein aan de westkant.

Als je teruggaat, ligt het voor de hand een wandelingetje te maken in de doorgaans rustige **Basteituin** (Na Baště) 4, waar een aardig café zit. Dan loop je, langs de hoofdpoort van de burcht en het monument voor Masaryk, naar de nieuwe slottrap (Zámecké schody) en linksaf naar de **Paradijstuin** (Rajská zahrada) 5, die ongemerkt overgaat in de **Hartigtuin** en ten slotte in de **Tuin op de Wallen** (Na Valech) 6. Deze tuinen zijn allemaal begin 16e eeuw aangelegd ter vervanging van de overbodig geworden vestingwallen en in de jaren 20 van de vorige eeuw door Jože Plečnik opnieuw ingericht.

Barokke tuinparade

De aangrenzende paleistuinen zijn vanuit tuinarchitectonisch oogpunt spannender. Al in de renaissance hadden de rijke adellijke families op de hellingen van Hradčany tuinen aangelegd. Nadat de Zweden de tuinen in de Dertigjarige Oorlog (1618-1648) hadden verwoest, werden ze helemaal opnieuw ingericht, maar nu vooral door Italiaanse architecten en in de modieuze barokstijl, dus met terrassen met trappen, bogen, gaanderijen, paviljoens, oranjerieën, prieeltjes en veel beelden. Vanaf de 19e eeuw werden ook deze tuinen verwaarloosd en bij de val van het communisme was er niets meer van over. In 1990 zorgden Václav Havel en prins Charles ervoor dat alle tuinen aan de hand van oude etsen werden gereconstrueerd en dat ook de originele exotische beplanting werd teruggebracht. Zo

LEEUW-LOOS

Verborgen en onopgemerkt door de toeristen slingert zich door de **Hertengracht** (Jelení příkop) een wandelpad de burcht op, dat bij de plaatselijke inwoners zeer populair is. Het verhaal erachter is heel avontuurlijk: onder Karel IV was de Hertengracht al jachtgebied. Onder Rudolf II werd hij een soort dierentuin. Er zouden beren en ook veel exotische dieren zijn gefokt, waaronder zelfs leeuwen. Geen angst: tegenwoordig kom je op dit heerlijke wandelpad hoogstens af en toe een wilde eekhoorn tegen.

#6 Kleine Zijde

kom je nu ogen tekort als je van de **Ledebourtuin** 7 naar de **kleine** 8 en **grote** 9 **Pálffytuin** en trap op trap af verder via de **Kolowrattuin** 10 naar de **Fürstenbergtuin** 11 loopt. En altijd weer is er dat prachtige uitzicht!

INFORMATIE EN OPENINGSTIJDEN

De **burchttuinen** – de koninklijke tuinen en de Basteituin in het noordwesten en de Paradijstuinen en de Tuin op de Wallen in het zuiden – zijn gratis toegankelijk: juni/juli dag. 10-21, aug. tot 20, mei en sept. tot 19, apr. en okt. tot 18 uur. **Paleistuinen** onder de burcht (Ledebourtuin, kleine en grote Pálffytuin, Kolowrattuin, Klein Fürstenberg): dezelfde openingstijden als de burchttuinen, Kč 80, toegang via Valdštejnská 12-14, Valdštejnská nám. 3 of via de Tuin op de Wallen.
Grote Fürstenbergtuin 11 (Velká Fürstenbergská zahrada): juni, juli 9-21 uur, verder als de burchttuinen, aparte kaartjes voor Kč 50.
Wallensteintuin 12: ingang Letenská, juni-sept. ma.-vr. 7.30-19, za./zo. 10-19, apr./mei, okt. tot 18 uur, toegang gratis; **Wallensteinpaleis**: ingang Letenská, juni-sept. ma.-vr. 7.30-19, za./zo. 10-19, apr., mei, okt. tot 18 uur, toegang gratis.
Manege 13: Valdštejnská 3, di.-zo. 10-18 uur, Kč 50.
Vojanpark 14 (Vojanovy sady): ingang U Lužického semináře, het hele jaar dag. 7 uur tot zonsondergang.
Botanische tuin 16 (Botanická zahrada): Nádvorní 134, Praag 7, www.botanicka.cz, Metro C: Nádraží Holešovice, vanaf daar bus 112, mei-sept. 9-19, apr., okt. 9-18, mrt. 9-17, nov.-feb. 9-16 uur, Kč 150.

ETEN EN DRINKEN

Na het bezoek aan de tuinen kun je even lekker uitblazen bij **Villa Richter** 1. Rond het classicistische complex, dat boven aan de oude slottrap (Staré zámecké schody) ligt, zijn de al vroeg in de 10e eeuw bestaande wijngaarden opnieuw aangelegd. Een wijnbistro serveert onder een pergola kleine hapjes. Ernaast, bij Piano Terra, kun je wat chiquer eten (alle tel. 702 20 51 08, dag. 11-23 uur). Wie meer van authentiek en goedkoop houdt, loopt nog een eindje door naar **Ferdinanda** 2, een bij de plaatselijke bevolking populaire biertent in een kelder (Karmelitská 18, www.ferdinanda.cz, ma.-za. 11-23 uur).

Uitneembare kaart B/C 4/5 | Metro A Malostranská

Kleine Zijde #6

Wallensteintuinen en Vojanpark

Ook de prachtige, lager gelegen **Wallensteintuin** (Valdštejnská zahrada) 12 is zeer de moeite waard. Hertog Albrecht von Wallenstein, de beroemde en beruchte generalissimo van de Dertigjarige Oorlog, liet de tuin in 1623-1629 aanleggen om zijn enorme woonhuis te verfraaien. In het labyrint van streng geometrische hagen, grindpaden en bloemperken liggen een kunstgrot, een venusfontein en staat een rij bronzen standbeelden van Griekse goden. In de Sala terrena, waar fresco's met taferelen uit de Trojaanse oorlog te zien zijn, worden 's zomers concerten gegeven. Misschien wil je het **Wallensteinpaleis** ook vanbinnen bezichtigen? Het was het eerste monumentale wereldlijke barokgebouw in Praag. Tegenwoordig komt hier de Tsjechische senaat bijeen. In de bijbehorende **manege** 13 organiseert de Nationale Galerie regelmatig speciale tentoonstellingen.

In een straatje dichter bij de Moldau ligt de ingang van een van de oudste tuinen van Praag, het medio 13e eeuw als onderdeel van het toenmalige bisschoppelijk paleis aangelegde **Vojanpark** (Vojanony sady) 14. Het viel in de 17e eeuw toe aan het karmelietessenklooster, maar werd begin 19e eeuw heringericht als Engelse landschapstuin en kwam in 1919 in handen van de regering. Onder fruitbomen en wilgen staan hier en daar moderne sculpturen in het gras.

Niet alleen blues: avatars komen van alles tegen in het Praagse groen.

#6 Kleine Zijde

Trots en ijdelheid behoren volgens de katholieke leer tot de zeven hoofdzonden. Deze witte pauw in de Waldsteintuin valt echter niets te verwijten. Hij volgt zijn instinct en is gewoon mooi.

→ OM DE HOEK

Slechts enkele minuten van de prachtige barokke tuinen vandaan ligt de **Nikolaaskerk** 15 met zijn 80 m hoge koepel. Het door de jezuïeten gefinancierde en door vader en zoon Dientzenhofer ontworpen godshuis staat symbool voor de contrareformatie en meer nog voor de Praagse barok. Met zijn gewelfde gevel, koepel en klokkentoren overheerst het gebouw het silhouet van de Kleine Zijde. De plafondschildering van Johann Lukas Kracker toont op een oppervlak van maar liefst 1500 m² staties uit het leven van de kerkpatroon. Ook het uitzicht vanaf de klokkentoren, die in de communistische periode werd gebruikt om westerse ambassades te bespioneren, is weergaloos.

In het stadsdeel Troja, vlak bij het gelijknamige kasteel en naast de dierentuin, steekt de Praagse **Botanische tuin** 16 (Botanická zahrada) al het groen naar de kroon. Dit is een eldorado voor plantenliefhebbers. Of het nu de tropische kas is, de Mexicaanse cactuswoestijn, de historische wijnberg, de pinksterbloemweide of de Japanse tuin – je valt van de ene verbazing in de andere.

Idylle met uitzicht – **Voorstad Hradčany en Petřín**

Het begint met een prachtig uitzicht. Het volgende hoogtepunt is oude kunst van de hoogste kwaliteit, waarna het bijna landelijk wordt bij een wandeling door de schilderachtige Nieuwe wereld de Petřín op. Het klooster Strahov bekoort door zijn fraaie ligging en barokke pracht. ▼

Vanaf het Masarykterras heb je een fantastisch uitzicht: een zee van roestbruine daken, gevels en dakkapellen, naast, op en onder elkaar, strekt zich aan je voeten uit. Daarbovenuit rijzen kerktorens en kerkkoepels, met daartussen weelderig groen, en op de achtergrond strekt zich de Oude Stad uit met de rivier – nergens anders zie

Het lijkt wel een droom: het uitzicht van de Hradčany op de Florentijns aandoende gevel van het Schwarzenbergpaleis en het verlichte Strahovklooster.

#7 Voorstad Hradčany en Petřín

De enige originele Rembrandt in een Tsjechische collectie keert na uitgebreide restauratie terug op zijn plaats in de Nationale Galerie in het Sternbergpaleis.

je Praag zo mooi in al zijn facetten. Neem even de tijd om ervan te genieten.

Bezoek nu de twee prachtige tentoonstellingen van oude meesters. Allereerst die in het **Sternbergpaleis** 1, het mooie barokpaleis links achter het **aartsbisschoppelijk paleis**. Het herbergt de crème de la crème van de Europese schilderkunst, van vroege Florentijnse en Venetiaanse kunstenaars Cranach, Baldung Grien, Tintoretto, Tiepolo, Goya en El Greco tot Rembrandt, Rubens, Brueghel en Ruysdael. Een hoogtepunt is het *Rozenkransfeest* van Albrecht Dürer. Het **Schwarzenbergpaleis** 2, het rijk met sgraffito (een speciale wandschildertechniek) versierde renaissancecomplex daartegenover, heeft de verzameling Boheemse barok van de Nationale Galerie in zijn collectie opgenomen. Er is ook een verzameling maniëristische werken uit de late renaissance.

Nieuwe wereld en een dubbele Loreto

Loop vanaf het Hradčanyplein westwaarts het straatje **Nový Svět** (Nieuwe wereld) in. Dit stille hoekje lijkt wel een eiland in de stroom van de tijd en het is niet verwonderlijk dat het de afgelopen jaren steeds meer kunstenaars en studenten trekt.

In de buurt staan twee bijzondere gebouwen: het monumentale **Černínpaleis** 3, waar achter de 150 m lange gevel het ministerie van Buitenlandse Zaken is gevestigd, en daartegenover de **Loretokapel** 4, Praags beroemdste Mariabedevaartsplaats. Het is een karakteristiek overblijfsel van de contrareformatie en een juweeltje van Praagse barok. De kapel werd in 1626, enkele jaren na de overwinning van de katholieken in de Slag op de Witte Berg, door ene gravin Lobkowicz gesticht en ten behoeve van het gestaag groeiende aantal bedevaartgangers stukje bij beetje, tot 1750, uitgebreid. De weelderig ingerichte Kerk van Christus' Geboorte is van de hand van vader en zoon Dientzenhofer. In de toren speelt elke dag op het hele uur een beroemd klokkenspel een Marialied. Het hart van het complex is het Casa Santa, een imitatie van het 'heilige huis' uit het Italiaanse Loreto. De schatkamer met kostbare liturgische parafernalia is uniek. Het topstuk van de collectie is de diamantenmonstrans, die met meer dan zesduizend edelstenen bezet is.

DÉJÀ VU

Het lijkt alsof je in de verkeerde film terecht bent gekomen, als je de Loretokapel betreedt. Staat dit gebouw niet ook in het Italiaanse Ancona? En inderdaad: De Italiaanse bouwmeester Giovanni Batista Orsi heeft hem in 1626 precies als het zuidelijke origineel nagebouwd.

Voorstad Hradčany en Petřín #7

Strahov: barokjuweel

Als je in zuidwestelijke richting het **Pohořelec náměstí** oversteekt, kom je bij de toegang tot een van de oudste middeleeuwse gebouwen in de omgeving, het **Strahovklooster** (Strahovský klášter) 5. Dit op een na oudste klooster van Praag is in 1143 gesticht. Het is niet alleen indrukwekkend door de luisterrijke ligging boven de tuinen en daken van de stad, maar ook door de barokpracht uit de 17e en 18e eeuw. Je kaartje geeft toegang tot de kruisgang, de kapittelhof, de twee refectoria, de fraaie collectie schilderijen en de prachtige bibliotheekzalen. Individuele rondleidingen

INFORMATIE EN OPENINGSTIJDEN

Sternbergpaleis 1 en **Schwarzenbergpaleis** 2: www.ngprague.cz, beide di.-zo. 10-18, beide Kč 300.
Loreto 4: www.loreta.cz, apr.-okt. dag. 9-17 uur, rest van het jaar 9.30-16 uur, Kč 150.
Strahovklooster 5: www.strahovsky klaster.cz, dag. 9-17 uur, kassa op de binnenplaats. Bibliotheek Kč 100, galerie Kč 120.
Uitkijktoren 6 en **spiegellabyrint** 7 (Bludiste): www.muzeumprahy.cz, apr.-sept. dag. 10-22, mrt., okt. tot 20, nov.-feb. tot 18 uur, Kč 120 resp. Kč 90.
Sterrenwacht 8: www.observatory.cz, apr./mei di.-vr. 14-19, 21-23, za./zo. 11-19, 21-23, juni-aug. ook ma., mrt. en okt. di.-vr. 19-21, za./zo. 11-18, nov.-feb. di.-vr. 18-20, za./zo. 11-20 uur, Kč 65/80.
Kabelbaan Lanovka 9: www.dpp.cz, dag. 9-23.20 uur om de 10-15 min.
Zomerpaleis Kinský/Etnografisch Museum 10 (Letohradek Kinskych): www.nm.cz, di.-zo. 10-18 uur, Kč 70.
Palais Vrtba 11: Karmelitská 18, apr.-okt. 10-18 uur, Kč 65.
Villa Müller 12: Nad Hradním vodojemem 14, Praag 6, tel. 224 31 20 12, http://en.muzeumprahy.cz/villa-muller/, tram 1, 2, 56: Ořechovka, bezichtiging op afspraak, di., do., za., zo. 10, 12, 14, 16 uur.

ETEN EN DRINKEN

Aan het slot van de wandeling ga je naar de uitspanning **Nebozízek** 1 (Petřín, tel. 602 52 86 72, www.nebozizek.cz, dag. 11-23 uur, hoofdgerecht vanaf Kč 250) of naar **U Černého Vola** 2 (De Zwarte Os; Loretánské náměstí 1, tel. 220 51 34 81, dag. 10-22 uur). Het klooster restaurant **Klášterní Restaurace**) in het Strahovklooster 3 heeft een gevarieerde kaart (dag. 10-22 uur, vanaf Kč 200), evenals de twee gourmetrestaurants **Hölle** (Peklo, dag. 12-23 uur, vanaf Kč 320) en **Bella vista** (dag. 11-24 uur, vanaf Kč 240).

Uitneembare kaart A/B 4-6 | **Metro A** Hradčanska, **Tram** 22, 25, 26

#7 Voorstad Hradčany en Petřín

Als de fruittuin op de Petřín in de lente in volle bloei staat, kun je je geen romantischer plekje op aarde voorstellen. Aan het eind van de zomer mag je naar hartenlust fruit plukken van de meer dan tweehonderd bomen.

(reserveren!) leiden ook door de kloostertuin en de rijk gepleisterde Maria Hemelvaartkerk, met het graf van de heilige Norbertus, de stichter van de orde der norbertijnen.

Petřín, een oase van groen

Via een kleine doorgang in de iets lagergelegen muur rond het klooster kun je de trap op, over een pad en dan via een asfaltstraatje omhoog, de **Petřínheuvel** op. Bij de Pragenaren is deze forse, 327 m hoge beboste heuvelrug geliefd – of zij nu 's zomers de hitte en de vaak aanwezige smog willen ontvluchten, van de herfstkleuren willen genieten, verlangen naar verse sneeuw onder hun voeten, of gewoon willen genieten van het unieke, bekoorlijke uitzicht op hun stad. Een wandeling over de nog steeds ongerepte heuvel is voor veel generaties een klassiek zondagstripje.

Hierboven, midden in het groen, werd in 1891 ter gelegenheid van de Praagse industrietentoonstelling een ijzeren **uitkijktoren** 6, gebouwd, 60 m hoog en een miniatuur van de Eiffeltoren (Rozhledna). Meteen daarnaast ligt de **Hongermuur** (Hladová zed), een werkverschaffingsproject van Karel IV van zo'n 640 jaar geleden. Iets verderop liggen een klein **spiegellabyrint** 7 (Bludiště), een rosarium, het barokke, blauwe Laurentiuskerkje en ten slotte de **Sterrenwacht** 8 (Hvězdárna).

Klaar? Nog niet helemaal ...

Een mooi slot van de wandeling is de beroemde uitspanning **Nebozízek** 1, waar je op het terras of in de wintertuin opnieuw van het fantastische uitzicht kunt genieten, terwijl je met een heerlijk stuk vlees of koffie met koek weer op krachten komt.

Daarna ga je weer even naar boven, naar de beroemde **Lanovka** 9, het ratelende kabelbaantje dat gemoedelijk naar het dal koerst. En zo sta je binnen een mum van tijd op de Újezd, de verbindingsstraat tussen Malá Strana en Smíchov.

In plaats van het kabelbaantje kun je ook het steile kronkelpad nemen (let op: halverwege, bij het monument van Karel Hynek Mácha, de dichter uit de Tsjechische romantiek, zijn verliefde stelletjes vanouds verplicht elkaar te kussen!). Een langere weg loopt naar de wat zuidelijker gelegen **Kinskýtuin** (Kinského zahrada).

Rozhledna werd in 1891 naar aanleiding van een Industrietentoonstelling gebouwd. Met 60 m hoogte is de uitkijktoren op de heuvel Petřín een miniatuuruitgave van zijn voorbeeld in Parijs.

Voorstad Hradčany en Petřín #7

Hier zijn naast de mooie boomaanplant de **Oekraïens Karpatische houten kerk** en het **Zomerpaleis Kinský** 10 met de etnografische collectie van het Nationaal Museum je aandacht waard.

Hemels: achter de renaissancegevel van het **Vrtbapaleis** 11 in de Karmelitská 18, even ten noorden van het Lanovka-dalstation, strekt zich over drie terrassen een barokke tuin uit tegen de steile heuvel op, die kenners tot de mooiste tuinen van heel Midden-Europa rekenen. Het beeldhouwwerk is van de hand van Matthias Bernhard Braun, de muurschilderingen van de Sala terrena van Wenzel Lorenz Reiner.

Landelijke idylle met uitzicht op het hart van de miljoenenstad: in de zomer kun je op de Petřín, de Laurenziheuvel, heerlijk de frisse lucht in – het is er prachtig, want de Kleine Zijde en het Strahovklooster vormen een uniek decor.

→ OM DE HOEK

Een mijlpaal van het functionalistische bouwen vormt de eind jaren 1920 voor de ondernemer František Müller gebouwde **Villa Müller** 12 in het stadsdeel Stresovice. De ontwerpen voor deze witte kubus zijn van Karel Lhota en Adolf Loos, de beroemde pleitbezorgers voor het bouwen zonder overbodige ornamenten. Aan de laatste is een kleine tentoonstelling gewijd. Materialen als marmer, walnoot en mahonie kenmerken het interieur.

Kritisch en provocerend – **een galeriewandeling**

Maak je op voor een tocht langs enkele van de spannendste centra van hedendaagse kunst in Europa. Een kleine waarschuwing vooraf: voor deze stadswandeling zullen we ook gebruikmaken van tram en metro. Anders dan je misschien zou verwachten, behoort het openbaar vervoer van Praag tot de beste van Europa.

Wat we gewend zijn te denken en te zien moet worden overwonnen. Het DOX Centre neemt daartoe het voortouw.

We beginnen onze wandeling in het Praagse stadsdeel Holešovice, dat je het gemakkelijkst bereikt met metro C. Te voet of met tram 12 of 24 ga je dan naar de Poupětova, waar in een oude fabriekshal Praags grootste galerie voor hedendaagse kunst is ondergebracht: het **DOX Centre for Contemporary Art** 1. Alleen al de in 2008 voltooide uitbreiding is een lust voor het

Galeriewandeling *#8*

oog voor liefhebbers van moderne architectuur en werd meermaals met internationale prijzen bekroond. Sindsdien vinden in het DOX wisselende tentoonstellingen plaats op het gebied van beeldende kunst en design. Daarbij komen spannende evenementen, zoals dansperformances of lezingen van internationaal bekende wetenschappers. Als je klaar bent met de bezichtiging van de exposities, mag je het stijlvolle café en de goedgesorteerde winkel niet overslaan.

Homebase voor hackers

Als je toch in de buurt bent en je geïnteresseerd bent in internetcultuur en -politiek, raad ik je aan een ommetje te maken naar de op 5-10 minuten lopen gelegen Dělnická 43: daar zit het eerste en enige **Bitcoincafé** van Praag. Het is onderdeel van het 'Instituut voor Cryptoanarchie', ook wel **Paralelní Polis** 2 geheten. Geen zorgen, je betreedt hier geen duister hol vol twijfelachtige figuren, maar een lichte, vriendelijke ruimte, waarin computernerds en internetactivisten informatie uitwisselen over thema's als databescherming, politiek en veiligheid op het internet. Iedereen is welkom. In de kelder zit een soort laboratorium waar op 3D-printers curiosa, zoals fietshelmen in Darth Vader-stijl, worden gemaakt.

Kupka, Kubišta & Co

Geïnspireerd door zoveel jonge cultuur stap je op station Dělnická in tram nr. 6 en rijd je naar Veletržní. Daar betreed je het heiligdom van Tsjechische en internationale moderne kunst: het **Beurspaleis** 3 (Veletržní palác). Alleen al de architectuur is sensationeel. Toen het gebouw in 1928 werd geopend, was het 's werelds grootste beurspaleis. Het werd internationaal gezien als een pionierswerk van functionalistische bouwkunst. Weliswaar is de buitenkant van de constructie van gewapend beton niet bijster indrukwekkend, maar het interieur is nog steeds inspirerend door zijn compromisloze elegantie.

Net zo spectaculair zijn de schatten die er een onderkomen gevonden hebben. Sinds het paleis in 1995, twintig jaar na een grote brand, is gerenoveerd, biedt het plaats aan de collecties moderne en eigentijdse kunst van de Nationale Galerie. Nergens krijg je zo'n uniek inzicht in de enorme cre-

In het stadsdeel Holešovice ligt ook de **Cross Club**, een echte geheime tip voor iedereen die wil weten waar de plaatselijke bevolking 's nachts uithangt: deze club, oorspronkelijk door een kraakactie ontstaan, werd al heel snel een van de hipste podia voor elektronische muziek van de stad. Kijk, als je overdag langskomt, eens naar de spannende metalen constructies, buizen en machineonderdelen, die over het clubterrein verspreid liggen. Je kunt hier bovendien in de gezellige tuin lekkere gerechten bestellen voor een eerlijke prijs.

Heel Boheems: werk van de Chinese kunstenaar Ai Weiwei voor het 220-jarig bestaan van de Nationale Galerie.

#8 Galeriewandeling

Heb je na de kunst in de Nationale Galerie nog zin in een blik in de wereld van de techniek? Het **Nationale Techniekmuseum** [5] werd kortgeleden na een complete renovatie heropend. Het neemt je mee op een spannende reis door de geschiedenis van de Tsjechische wetenschap en techniek, onderverdeeld in hoofdstukken als machinebouw, film, fotografie, astronomie, tijdmeting en telecommunicatie. Publiekstrekker is de 'transporthal'.
Kostelní 42, www.ntm.cz, metro C: Vlatavská, di.-vr. 9-17.30, za./zo. 10-18 uur, Kč 190

ativiteit en stilistische pluriformiteit van de Tsjechische kunst in de 19e en 20e eeuw. Direct ernaast vind je de parade van Franse kunst uit de 19e / 20e eeuw, onder andere met werken van Rousseau, Braque, Monet, Van Gogh en Picasso. Niet minder mooi zijn op de eerste verdieping de bijdragen van Klimt, Kokoschka, Schiele, Rodin, Munch, Miró, Beuys en consorten.

Kunstwijk in een hippe buurt

Heb je nog kracht in de benen? Ga dan mee naar Karlín. Deze voormalige arbeiderswijk is de afgelopen jaren de ontmoetingsplaats voor de jonge hipster- en kunstenaarsscene van Praag geworden. Centraal staan de **Karlín Studios** [4], die je vanaf de Nationale Galerie in ongeveer 20 minuten bereikt met tram 6 (tot Masarykovo Nádraží) en dan metro B (vanaf Náměstí Republiky tot Křižíkova). Ook deze kunstgalerie is in een voormalige industriehal ondergebracht. Hij omvat een 500 m² grote en door de FUTURA Galerie ingerichte tentoonstellingsruimte, naast zeventien studio's die voor minstens een jaar aan Tsjechische en internationale kunstenaars worden toegewezen. Dit toewijzingsbeleid zorgt ervoor dat in de Karlín Studios een veelvoud aan jonge kunstenaars te vinden is. Neem de tijd om rustig rond te lopen en ga na afloop op onderzoek uit in de straten van deze stadswijk in opkomst.

Praag verwent en prikkelt de zintuigen – niet alleen tijdens het Streetfood-Festival.

Galeriewandeling #8

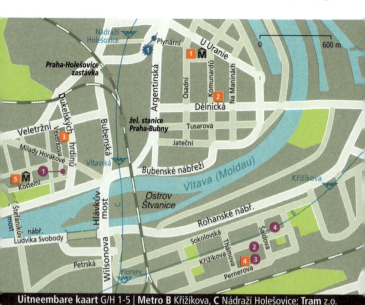

Uitneembare kaart G/H 1-5 | **Metro B** Křižíkova, **C** Nádraží Holešovice; **Tram** z.o.

INFORMATIE EN OPENINGSTIJDEN

DOX Centre for Contemporary Art
1: Poupětova 1, Praag 7, tel. 295 56 81 23, www.dox.cz, tram 6, 12, 17, 54: Ortenovo náměstí, ma., za. 10-18, wo., vr. 11-19, do. 11-21, za./zo. 10-18 uur, Kč 180.
Paralelní Polis **2**: Dělnická 43, Praag 7, tel. 702 19 39 36, www.paralelni polis.cz, tram 1, 2, 6, 7, 12, 14, 17, 25, 54, 57: Dělnická, ma.-vr. 8-20, za./zo. 12-21 uur, toegang gratis.
Praager Messepalast **3**: Dukelských hrdinů 47, Praag 7, tel. 224 30 11 11, www.ngprague.cz, tram 5, 6, 17, 52, 53, 54, 56: Veletržní palác, di.-zo. 10-18 uur, Kč 300.
Karlín Studios **4**: Praag 8, Křižíkova 34, tel. 608 95 51 50, www.futura project.cz, metro B: Křižíkova, wo.-zo. 12-18 uur.
Cross Club **1**: Praag 7, Plynární 23, T 736 53 50 53, www.crossclub.cz, metro C: Nádraží Holešovice, café/bar: 14-2, club: vanaf 18 uur tot minstens 4 uur, in het weekend langer.

ETEN EN DRINKEN

Van zoveel kunst kijken krijg je trek! In de buurt van het DOX is de leuke bistro van de **Cross Club** (zie hiernaast) aan te bevelen – niet alleen vanwege de vormgeving in steam-punklook. In de omgeving van de Nationale Galerie trekt de verleidelijke **Bistro 8** **1** (Veverkova 8, Praag 7, tel. 777 87 18 78, www.bistro8.cz, ma.-vr. 8-21.30, za./zo. 10-16 uur) met een vriendelijke sfeer, aantrekkelijke prijzen en goed eten. In Karlín gaan hiphopfans naar het coole muziekcafé **Shadow** **2** dat stevige burgers serveert (Křižíkova 58, Praag 8, tel. 725 80 05 76, www.shadowcafe.cz, ma.-vr. 15-2, za. 16-2, zo. 18-24 uur). Voor de grotere trek ga je naar het in de modern-regionale keuken gespecialiseerde **Eska** **3** (Pernerova 49, Praag 8, tel. 731 14 08 84, www.eskakarlin.cz, ma.-vr. 11.30-15, 17.30-23.30, za./zo. 9-23.30 uur). Wijnliefhebbers nemen een glas bij **Veltín** **4** (Křižíkova 115, Praag 8, tel. 725 53 53 95, www.veltlin.cz, ma.-za. 17-23 uur).

Applaus – **Staatsopera, Statentheater en Nationaal Theater**

De Pragenaren hebben de naam bijzonder muzikaal te zijn, en ze hebben dan ook drie prachtige operahuizen in hun hoofdstad. Een emotionele avond met Dvořák, Smetana of Mozart zwelgen in grote gevoelens is een genot voor alle zintuigen.

De Staatsopera van Praag, ook bekend onder de naam Smetanatheater, toont zich naar buiten classicistisch. Binnen word je geconfronteerd met weelderige rococo.

Aan de Moldau schittert het **Nationaal Theater** (Národní divadlo) [1]. Het is ontworpen door de belangrijkste kunstenaars van Tsjechië en werd in 1881 voltooid. In die tijd was het een symbool van de nationale wedergeboorte en het droeg aanzienlijk bij aan de verbreiding van de Tsjechische taal en podiumkunsten. Nog steeds is het Nationaal Theater met zijn drie disciplines hét leidende huis in Tsjechië. Op het repertoire staan zowel klassieke stukken als hedendaags werk.

Staatsopera, Statentheater en Nationaal Theater #9

In het prachtige, classicistische **Statentheater** (Stavovské divadlo) 2 vond op 29 oktober 1787 de beroemde première van Mozarts Don Giovanni plaats. Componisten als Carl Maria von Weber en Gustav Mahler waren hier kapelmeester, Clara Schumann trad hier op, Richard Wagner zwaaide hier de baton en Miloš Forman nam hier in 1991 belangrijke scènes van Amadeus op. Er worden ook toneelstukken op de planken gebracht.

De **Staatsopera** (Státní opera) 3 was in 1888 het Duits-Praags cultuurpolitieke antwoord op het Tsjechisch Nationaal Theater en brengt alleen opera. Het gebouw is ontworpen door de Weense architecten Fellner & Helmer in neorococo. Het aanbod omvat muziek van de 18e tot de 20e eeuw.

D DRESSCODE

In theater, concertzaal en opera worden jeans en truien niet graag gezien. Toch is cultuur in Praag niet elitair, maar bedoeld voor alle lagen van de bevolking, wat ook blijkt uit de betaalbare prijzen.

INFORMATIE EN OPENINGSTIJDEN
Nationaal Theater 1: Národní 2
Statentheater 2: Železná
Staatsopera 3: Wilsonova 4
Alle drie de zalen: tel. 224 90 14 48, www.narodni-divadlo.cz.

ETEN EN DRINKEN
Al honderdvijftig jaar een klassieke topper is **Slávia** 1 (Smetanovo nábřeží 2, tel. 224 21 84 93, www.cafeslavia.cz, ma.-vr. 8-24 uur, za./zo. 9-24 uur) tegenover het Nationaal Theater. Ook in het **Louvre** 2 (Národní 20, tel. 724 05 40 55, www.cafelouvre.cz, ma.-vr. 8-23.30 uur, za./zo. vanaf 9 uur) kun je de dag gezellig uitluiden. Een avondje opera in het Statentheater kun je besluiten met een heerlijk diner in restaurant **Francouzská** 3 in het Representatiehuis (Náměstí Republiky 5, tel. 222 00 27 70, www.francouzskarestaurace.cz, dag. 12-23 uur) of ernaast bij **Sarah Bernhardt** 4, het restaurant van Hotel Paris (tel. 222 19 59 00, www.hotel-paris.cz, dag. 18-23 uur). Bezoekers van de Staatsopera dineren bij **Zvonice** 5 (Jindřišská, tel. 224 22 00 09, www.restaurantzvonice.cz, dag. 11.30-24 uur) onder de balken van de Jindřišškátoren.

Uitneembare kaart D–F 5/6 | Metro B Národní Třída, Náměstí Republiky, Muzeum

#10

De navel van de stad – het Wenceslausplein

Het Wenceslausplein (Václavské náměstí) is niet alleen 'the place to be' om te shoppen en elkaar te ontmoeten, het is ook het historische brandpunt van de nieuwste geschiedenis. Bovendien staan hier parels van vroeg-20e-eeuwse architectuur. Allemaal goede redenen om deze 700 m lange en 60 m brede boulevard op je gemak te bekijken.

De bronzen persiflage op het beroemde Wenceslausmonument, waarbij de nationale heilige op een op zijn kop hangend paard werd gezet, plaatste de provocerende kunstenaar David Černý in 1999 in de Lucernapassage.

De geschiedenis van het plein gaat meer dan 650 jaar terug. Toen Karel IV in 1348 Nové Město (de Nieuwe Stad) had gesticht, werd deze 4 ha grote, enigszins oplopende ruimte net buiten de muur van de Oude Stad het centrale overslagpunt. Al snel werd de 'Paardenmarkt' – zo genoemd omdat er ook paarden werden verhandeld – het sociale middelpunt, met herbergen, kroegen, bordelen, de executieplaats en het eerste Praagse theater voor Tsjechische toneelstukken, de beroemde 'Bude'.

Het Wenceslausplein #10

Op dit plein, inmiddels naar koning Wenceslaus (Václav) genoemd, kwam in 1848 de menigte in opstand tegen het Habsburgse gezag en vanaf toen was het regelmatig het toneel van maatschappelijke omwentelingen. In 1918 vierden de Pragenaren hier de onafhankelijkheid, in 1937 begeleidden ze hier hun eerste president, Tomáš Masaryk, naar zijn laatste rustplaats. In 1948 juichten zij hier Klement Gottwald toe (de leider van de Communistische Partij), in 1968 protesteerden ze hier tegen de Russen en in november 1989 sloten ze hier Václav Havel en Alexander Dubček, die het einde van het communisme aankondigden, in de armen.

De heilige van het Wenceslausplein, ditmaal rechtop.

Onder de hoede van Wenceslaus

Steeds als zich op het plein een menigte vormde, was het **ruiterstandbeeld van de heilige Wenceslaus** 1 van Josef Václav Myselbek het trefpunt. Bij dit beeld stak de student Jan Palach zich in januari 1969 in brand, uit protest tegen de 'broederlijke' bezetting van Tsjechië door de landen van het Warschaupact. Een herdenkingsplaat herinnert aan deze tragedie.

In het zuidoosten wordt het plein gedomineerd door het **Nationaal Museum** (Národní muzeum) 2, tussen 1885 en 1890 door Josef Schulz gebouwd. Alleen al door zijn afmetingen is het indrukwekkend: de koepel van het in neorenaissancestijl opgetrokken gebouw is 70 m hoog. Het museum is een reusachtig, wat duister symbool van het nationaal ontwaken, versierd met bustes, beelden en wandschilderingen van belangrijke Tsjechen. Het bezit maar liefst 14 miljoen voorwerpen. Wie belangstelling heeft voor vroege geschiedenis, zoölogie, botanica, mineralogie of munten, komt hier volop aan zijn trekken (tot 2018 wegens renovatie gesloten).

De mooiste jugendstil

Aan de noordkant van het plein staat een keur aan moderne architectuur van rond 1900. Erg fraaie voorbeelden van jugendstil zijn het voormalige **Grand Hotel Evropa** (nr. 25) 3, daartegenover het **Wiehlhuis** 4 met de door Mikolas Aleš rijk beschilderde gevel (nr. 34), het **Peterkahuis** van de Tsjechische architect Jan Kotěra (nr. 12) 5 en, op de hoek van Na Příkopě, het **Korunapaleis** (nr. 1) 6.

De naam doet anders vermoeden, maar **Nové Město** is helemaal niet zo nieuw. De Nieuwe Stad van Praag is al meer dan 650 jaar oud. Hij werd door Karel IV en diens bouwmeesters zo ontworpen dat de opkomende hoofdstad van het rijk de ruimte kreeg voor handel en economie. Daarmee is de Nieuwe Stad een van de grootste werkelijk uitgevoerde bouwplannen van de middeleeuwen.

#10 Het Wenceslausplein

Tussen al deze pracht is het overdag en 's avonds druk in de warenhuizen, winkels, kroegen, cafés en fastfoodtenten. 's Avonds laat branden in de cafés en theatertjes de rode lichtjes die het Wenceslausplein zijn dubieuze reputatie bezorgden.

Jugendstil consumentenkathedraal

Al bijna een eeuw lang is **Palác Lucerna** 7 de beroemdste consumentenkathedraal. Dit paleis was het eerste moderne, multifunctionele gebouw van de stad. Bij de bouw van 1907 tot 1921 heeft de grootvader van Václav Havel een belangrijke rol gespeeld. Het is een eersteklas jugendstiljuweel – een reusachtig complex van zeven verdiepingen met op de bovenste etages appartementen en kantoren en met een spectaculaire en historisch belangrijke zaal waar Louis Armstrong, Ella Fitzgerald en vele andere muzieklegenden hebben opgetreden. De bioscoop is al net zo indrukwekkend (het was de eerste filmzaal in Bohemen, geopend in 1909). Bovendien zijn er diverse restaurants, cafés, een muziekclub, een danszaal enzovoort.

De winkelpassage **Pasáž Lucerna** biedt veel exclusieve winkels, van meubelstudio tot haute couture-atelier. Het symbool van het goudgele complex is de door David Černý vervaardigde persiflage op het beeld van de heilige Wenceslaus:

ETEN EN DRINKEN

Op het Wenceslausplein houden niet alle eetgelegenheden zich aan hun beloften aan vakantiegangers met een krapper budget. Je wordt niet teleurgesteld bij de stijlvolle, ook bij de inwoners populaire bistro **home kitchen** 1 (Jungmannova 8, tel. 734 71 42 27, www.homekitchen.cz, ma.-wo. 7.30-20 uur). Bij **Lahůdky Zlatý Kříž** 2 (Jungmannovo náměstí 19, tel. 222 51 94 51, www.lahudkyzlatykriz.cz, ma.-vr. 6.30-19, za. 9-15 uur) krijg je misschien wel de beste belegde broodjes van de stad. Uitnodigend voor een langere adempauze is het moderne chique café **Platýz** 3 (Národní 37, www.cafeplatyz.cz, ma.-vr. 10-23, za./zo. 11-23 uur).

Uitneembare kaart E/F 6/7 | **Metro A, B** Můstek, **Metro A, C** Muzeum

Het Wenceslausplein #10

Grote schoonmaak op het Wenceslausplein: ook hier werd de uniforme grauwheid van de communistische tijd vervangen door opvallende kleuren.

een beeld van een ridder en zijn aan alle vier de benen ondersteboven hangende paard

Hier werd geschiedenis geschreven

Vlakbij, op het Jungmannplein (Jungmannova nám.), staat de, in 1347 door Karel IV gestichte **Maria-ter-Sneeuwkerk** (P. Marie Sněžně) 8, het middelpunt van de hussietenrevolutie. Het koor is 39 m hoog, het hoofdaltaar het hoogste van Praag. De moeite waard zijn ook het door Jan Kotěra gebouwde **Urbánekhuis** (nr. 30), het kolossale **Adriapaleis** (nr. 31) en de kubistische **straatlantaarns**. Ertegenover ligt de **Franciscaner tuin** (Františkářská) 9.

Het oorspronkelijk gotische, later in renaissancestijl verbouwde complex van het **Nieuwestadsraadhuis** 10 (Novoměstská radnice) met zijn markante toren diende sinds 1377 meer dan vierhonderd jaar lang als bestuurscentrum van de Nieuwe Stad. Later was het gevangenis, gerechtsgebouw en burgelijke stand. Het gebouw ging de geschiedenis in als het toneel van de Eerste Praagse Defenestratie: toen hier op 30 juni 1419 radicale godsdienshervormers twee raadsheren op straat gooiden, was dat het startsein voor de Hussitische Revolutie.

Een opvallend signaal: Josef Gočárs kubistische straatlantaarns op het Jungmannplein.

#11

Waar Praagse jugendstil het mooist is – **de Nieuwe Stad**

Er is bijna geen metropool in Europa met een rijker en ongerepter erfgoed aan gebouwen uit de gotiek, renaissance en barok dan Praag. De jugendstil heeft hier echter ook een grote bloeitijd gekend en draagt een behoorlijk steentje bij aan de faam die deze stad geniet als architectonisch openluchtmuseum. Hier rondwandelen is een lust voor het oog.

Deze rond 1900 dominante stijl wordt in Bohemen in navolging van de sezession, de Oostenrijkse variant van de art nouveau, **secese** genoemd. In deze stijl kwam het destijds heersende patriottisme van de Tsjechen, maar ook hun kunstnijverheid, op indrukwekkende wijze tot uiting. De vloeiende vormen, de plantenornamenten, de weelderige

Praag met de tram en je eigen soundtrack is leuk, maar Josefov klinkt in het echt beter.

gevelfiguren en de rijke motieven in smeedijzer, kristal en keramiek kom je vooral tegen in de Nové Město, het nieuwe deel van de stad waar van oudsher kooplieden hun stempel op hebben gedrukt, en waar Praag altijd heeft laten zien dat het openstaat voor de wereld en in vooruitgang gelooft.

Stijljuweeltje: het Representatiehuis

Het **Representatiehuis** (Obecní dům)  is een prachtig voorbeeld van de Praagse jugendstil en vormt samen met de Kruittoren de oostelijke stadspoort van de Oude Stad. Nadat zich eind 19e eeuw in Praag een van de meest drastische moderniseringen uit zijn geschiedenis had voltrokken – zo werden bijvoorbeeld de stadsmuren gesloopt, spoorlijnen naar Wenen en Berlijn aangelegd, schitterende stations gebouwd en de oevers van de Moldau van kades voorzien – besloot de gemeenteraad tot de bouw van het indrukwekkende 'Representatiehuis van de hoofdstad'.

Bij de inrichting van het gemeentehuis, het pronkstuk van de Praagse jugendstil, waren de destijds beroemdste schilders en beeldhouwers betrokken.

Waar sinds eind 14e eeuw ongeveer een eeuw lang het koninklijk paleis stond, de residentie van de Boheemse vorsten, bouwden de architecten Osvald Polívka en Antonín Balšánek tussen 1905 en 1911 het beroemdste jugendstilgebouw van de stad. Achter de uitspringende, met veel stucwerk, plastieken vol symboliek en het mozaïek 'Hulde aan Praag' versierde gevel, gaan een schitterend café-restaurant en een reeks representatieve tentoonstellingsruimten en podia schuil. Bij de vormgeving waren onder anderen Alfons Mucha, Karel Novák en Ladislav Šaloun betrokken. Het hart van dit enkele jaren geleden aan de buitenzijde gerestaureerde complex is de om zijn uitstekende akoestiek geroemde Smetanazaal, waar elk jaar het Praagse Lentefestival wordt geopend. Er zijn diverse mogelijkheden om de binnen- en buitenkant van dit rijkversierde complex te verkennen: je kunt meegaan met een van de officiële rondleidingen, koopt een kaartje voor een concert in de Smetanazaal, of gaat naar het mooie café of het ertegenover gelegen restaurant op de begane grond. À propos: direct om de hoek lonkt het volgende café al, en wel op de begane grond van het luxueuze **hotel Paříž** , een nog niet zo lang geleden grondig gerenoveerd art-nouveaujuweeltje.

Zeker, de 'Praagse Lente' is het leidende klassieke festival in de Moldaustad. Er zijn echter ook andere **muziekfestivals**: in de zomer een voor kamermuziek (www.ameropa.org), in de winter een jazzfestival (www.agharta.cz) en – we zijn tenslotte in Bohemen! – een internationaal festival voor blaasmuziek (www.or-fea.cz).

#11 Nieuwe Stad

Synagoge, station en Muchamuseum

Als je naar het oosten gaat via de Na Poříčí en bij de eerste hoek rechts afslaat (Havličkova), passeer je het oudste station van Praag, het **Masarykovo nádraží** 3 uit 1845. Dan bereik je via het Senovážná náměstí de Jeruzalémská. Bewonder daar de gevel van de in 1906 gebouwde **Jubileumsynagoge** 4, een neo-Moorse orgie van groene zuilen, gouden friezen en blauwe hoefijzervormige bogen. Je bent hier vlak bij het Centraal Station, **Hlavní Nádraží** 5. Laat je niet afschrikken door de saaie uitbouw uit de jaren 60 van de vorige eeuw; binnen bevindt zich een beroemde koepel in jugendstil. 'Praga, Mater Urbinum' ('Praag, moeder aller steden') staat boven de ingang van de koepelzaal.

INFORMATIE EN OPENINGSTIJDEN

Representatiehuis 1: Náměstí Republiky 5. Informatie, concertkaartjes en aanmelding voor de een uur durende bezichtiging die enkele keren per dag plaatsvindt, via het informatiecentrum: tel. 222 00 21 07, www.obecnidum.cz of direct aan de kassa, dag. 10-20 uur, Kč 290.

Café in de westvleugel dag. 7.30-23 uur, kleine kaart vanaf Kč 90; Francouzská Restaurant in de oostvleugel, dag. 12-23 uur; Pilsner Restaurant, een rustieke bierhal in het souterrain, en de American Bar, beide dag. 11.30-23 uur.
Jubileumsynagoge 4: Jeruzalémská, apr.-okt. zo.-vr. behalve op joodse feestdagen 11-17 uur, Kč 80, combikaartje met de Oud-Nieuwsynagoge in Josefov Kč 250.
Muchamuseum 6: Panská 7, www.mucha.cz, dag. 10-18 uur, 180/Kč 120.

ETEN EN DRINKEN

In het **Representatiehuis** 1, zie boven. Het **Café Louvre** 2 (Národní 22, tel. 224 93 09 49, www.cafelouvre.cz, dag. ma.-vr. 8-23.30, za./zo. 9-23.30 uur) behoort tot de eerste huizen op het plein. De moeite waard, niet alleen vanwege de ontbijtkaart, maar ook om de sfeer. Wie denkt dat de Tsjechische keuken niets voor vegetariërs heeft, kan bij **Estrella** 3 (Opatovická 17, tel. 777 43 13 44, www.estrellarestaurant.cz, dag. 11.30-22.30 uur) tot andere ideeën komen. Hier wordt met de beste ingrediënten, maar zonder vlees gekookt. Tip: het goedkope lunchmenu.

Uitneembare kaart E–G 5/6 | **Metro B** Náměstí Republiky

Nieuwe Stad *#11*

Het jugendstilcafé Kavárna Obecní dům, een van de mooiste cafés van Praag, verwent zijn gasten op de begane grond van het gemeentehuis.

Een must voor kunstliefhebbers is het **Muchamuseum** in de Panská, op enkele passen van de Jindřišská. Zo'n honderd tekeningen, grafieken, schilderijen en pastels van de beroemde schilder en graficus Alfons Mucha (1860-1939) voeren je de symboolrijke en zinnelijke wereld van het Parijse en Praagse fin de siècle binnen. Bewonder de grote verscheidenheid aan met bloemenkransen getooide jonge vrouwen en de door symboliek verheven helden, maar sla zeker Mucha's beroemde affiches voor de Parijse diva Sarah Bernhardt en de ontwerpen voor zijn monumentale schilderijencyclus *Slavisch epos* (▶ blz. 80) niet over. Bekijk in elk geval de filmbiografie van de kunstenaar (ca. 30 minuten).

Wie nu nog fut in de benen heeft, steekt het Wenceslausplein over naar de **Lucernapassage** (▶ blz. 60), nog zo'n juweeltje van architectuur uit de tijd na 1900.

Wist je eigenlijk dat Alfons Mucha in 1900 in opdracht van de regering in Wenen het Oostenrijkse paviljoen op de Wereldtentoonstelling in Parijs heeft ingericht? Daarna woonde hij tot de Eerste Wereldoorlog in de VS, waar hij in New York en Chicago docent was aan de kunstacademie.

→ OM DE HOEK

Iets verder naar het noorden is het **Huis van de Zwarte Madonna** (Dům U Černé Matky Boží) alweer een bij architectuurliefhebbers geliefd fotomotief. Het is een van de beroemdste kubistische gebouwen en werd in 1910/11 naar het ontwerp van Josef Gočár als warenhuis gerealiseerd en in 1993/94 volledig gerenoveerd. Op de eerste verdieping zit het **Grand Café Orient** (▶ blz. 27). Niet alleen vanwege de architectuur interessant!

Toverwereld – **Laterna Magika en het zwarte theater**

Wat bier en knoedels in de kroeg zijn en de Sint-Vituskathedraal bij een stadswandeling, is de Laterna Magika voor het culturele avondprogramma: muziek, film, dans, pantomime, lichteffecten en het zwarte theater versmelten hier tot een uniek totaalkunstwerk.

Als dat niet zinsbegoochelend is! Een futuristisch aandoende enscenering op het podium van het zwarte theater.

De Praagse autoriteiten wilden voor hun paviljoen op de Expo 58 in Brussel een programma samenstellen waarmee ze hun land als een creatieve culturele natie konden presenteren. Er kwamen allerlei programma's aan bod, onder andere eentje met de onbekende naam **Laterna Magika**. Het was een idee van regisseur Alfréd Radok en decorontwerper Josef Svoboda en

Laterna Magika en het zwarte theater #12

In het kader van het lichtfestival Signal wordt elk jaar de toekomst opnieuw vormgegeven, zoals hier door Jan Vacek en Martin Šmid.

bleek van begin af aan een enorme sensatie. De twee heren boden een volledig nieuwe podiumervaring, waarin zij zeer origineel de genres toneel en film, en later ook dans, met elkaar verweefden. Hun 'wondertheater' was non-verbaal en kende dus geen taalbarrières. Het vierde zodoende overal ter wereld in een mum van tijd grote triomfen.

Sinds 1992 vindt de Laterna Magika onderdak bij het **Nieuwe Toneel** (Nová Scéna) van het Nationale Theater. In de plompe aanbouw van glas en beton heeft de mise-en-scène de afgelopen jaren iets aan raffinement ingeboet en is de Laterna Magika veranderd in een soort modern, door filmprojecties begeleid danstheater. Niettemin zijn alle voorstellingen het bekijken waard. Het repertoire van de Laterna Magika omvat zeer verschillende producties: *Cube*, *De kleine Prins*, *Extraordinary Voyages of Jules Verne*, *Human Locomotion*, *As Far As I See*, *Cocktail 012* en *Wonderful Circus*.

Alleen zwart? Natuurlijk!

Het zwarte theater is een op zichzelf staande theatervorm. De wortels liggen mogelijk in het Japanse boenrakoe en het werd al in het begin van de 20e eeuw door individuele illusionisten en filmmakers in Europa uitgevoerd. Pas in de jaren 60 werd het aan de Moldau op grote schaal gebruikt en door het Westen herontdekt. Sindsdien staat het symbool voor de rijke verbeeldingskracht van de Praagse podiumkunstenaars.

OVERIGENS

Ook al trekken Laterna Magika en het zwarte theater elk jaar duizenden mensen, blijft ook in de podiumkunst de tijd niet stilstaan. In de afgelopen jaren zijn veel theaters ontstaan, waar jonge kunstenaars met nieuwe uitdrukkingsvormen experimenteren. Daartoe behoren het **Archa Theatre** (Na Poříčí 26, Praag 1, tel. 221 71 63 33, www.divadlo archa.cz) en het **Jatka 78** (Bubenské nábřeží, Praag 7, tel. 773 21 71 27, www.jatka78.cz) met indrukwekkende New Circus Performances.

#12 Laterna Magika en het zwarte theater

De beste adressen

Het **zwarte theater** 2 van Jiří Srnec, een pionier in dit genre, is een van de beste. Srnec laat met zijn in 1961 opgerichte ensemble de laatste tijd bij voorkeur een Best of-retrospectief zien. Een andere vaste grootheid is het in 1980 in ballingschap in de VS opgerichte **Theater Ta Fantastika** 3, waarvan de leider Petr Kratochvíl zich na zijn terugkeer (1990) op literaire werken richt, zoals Don Quichot en De kleine prins. Van zijn versie van Alice in Wonderland werden in twintig jaar meer dan tweeduizend voorstellingen gegeven. Bij František Kratochvíls **Metro** 4, – 'cartoontheater' dat moderne dans en ballet, pantomime, striptekeningen en getekende objecten combineert – ontstaat er een interactie tussen het gezelschap en het publiek. Na elke voorstelling worden de geheimen en trucs in korte workshops voor het publiek ontsluierd. Verder hebben het **All Colours Theatre (ACT)** 5 en het **Image Theater** 6 een goede naam als professioneel podium.

INFORMATIE EN OPENINGSTIJDEN

Nieuwe Toneel 1: Národní 4, Praag 1, tel. 224 90 14 48, www.narodni-divadlo.cz, kaartjes vanaf Kč 290.
Zwarte theater Srnec 2: Na Příkopě 10, Praag 1, tel. 774 57 44 75, www.srnectheatre.com, kaartjes vanaf Kč 580.
Theater Ta Fantastika 3: Karlova 8, Praag 1, tel. 222 22 13 66, www.tafantastika.cz, kaartjes vanaf Kč 390.
metro 4: Národní 25, Praag 1, tel. 221 08 52 01, www.metrotheatre.cz, kaartjes vanaf Kč 480.
All Colours Theatre (ACT) 5: Rytířská 31, Praag 1, tel. 224 21 28 10, www.blacktheatre.cz, kaartjes vanaf Kč 490.
Image Theater 6: Národní 25, Praag 1, tel. 732 156 343, www.imagetheatre.cz, kaartjes vanaf Kč 480.

ETEN EN DRINKEN

Zin in een biertje voor de voorstelling in de Laterna Magika? Of een versterking erna? In **Pivovar Národní** 1 (Národní 8, tel. 222 54 49 32, www.pivovarnarodni.cz) worden zelf gebrouwen gerstenat en Boheemse gerechten geserveerd. Bijzonder aangeraden worden de boven het vuur gebakken steaks!

Uitneembare kaart D–F 5/6 | **Metro B** Národni Třida

Amsterdam aan de Moldau – **van Žižkov naar Karlín**

Spectaculair uitzicht vanaf de televisietoren, coole bars en liefdevol ingerichte designwinkels vind je in Praags jonge wijk Žižkov. Het begint echter met een bezoek aan het graf van Franz Kafka.

Vanaf halte Zelivského bereik je over de Izraelská de **Nieuwe Joodse Begraafplaats** 1 (Zidovské hřbitovy). Hij werd in 1890 ongeveer tegelijkertijd met de sluiting van de Oude Begraafplaats in Josefov gesticht en in 1924 werd hij de laatste rustplaats van schrijver Franz Kafka. Houd bij de hoofdingang rechts aan om zijn graf te vinden. In rij 21 zoek je naar graf nummer 14-21 of laat je gewoon door de rust van deze magische plek ontroeren.

Excentriek en trendy is in Žižkov de mode.

#13 Van Žižkov naar Karlín

Voor een vrolijke noot zorgen de langs de pilaren van de **televisietoren** omhoog klauterende reuzenbaby's – een van de vele acties waarmee de beroepsprovocateur David Černý sinds de Wende de Pragenaren afhankelijk van hun instelling ergert of amuseert (▶ blz. 83).

We verlaten de Nieuwe Joodse Begraafplaats door de Oostpoort, steken de J. Želivského over en betreden direct ertegenover de **Begraafplaats Olšany** 2. Deze gaat terug tot de pestepidemie in de 17e eeuw, toen men begon de doden buiten de stad te begraven. Het graf van student **Jan Palach**, die zichzelf in januari 1969 uit protest tegen de bezetting door de Sovjets op het Wenceslausplein in brand stak, wordt veel bezocht. Er staan altijd kaarsen en verse bloemen. De kleine barokke kerk **Svatého Rocha** 3 in de noordwesthoek werd in 1680 gebouwd toen de pestepidemie op haar hoogtepunt was.

Herkenningspunt met een knipoog
Van de dodenstad in de Olšanská gaan we naar het levendige Žižkov. Via Táboritská en Ondříčkova komen we bij de **televisietoren Žižkov** 4. Het met 216 m hoogste gebouw van de stad werd in 1992 als zender in gebruik genomen en bestaat uit drie zware stalen pilaren, met in de dikste een lift die je naar het 97 m hoge uitzichtplatform brengt. Vandaar reikt de blik tot ver in de omtrek van Praag.

Trendy en mooi
Betoverd door het mooie uitzicht, passeer je twee bijzondere winkels: bij **Botas 66** 1 (▶ blz. 101) in de Křížkovského vind je trendy gymschoenen uit de jaren 60. Twee hoeken verderop is **Playbag** 2 gespecialiseerd in mode en accessoires van plaatselijke ontwerpers.

Tot slot iets gewichtigs
Op de Vitkovheuvel, die Karlín en Žižkov scheidt, toont het met 9 m hoogte en een gewicht van 16,5 ton grootste **ruiterstandbeeld** ter wereld de hussietenleider **Jan Žižka** 5. De zware kubus van het **Nationale Monument** 6 (Národní památník) erachter werd in de jaren 30 van de 20e eeuw als graf van Tomáš Garrigue Masaryk en gedenkteken voor de bij het ontstaan van de Eerste Republiek betrokkenen opgericht. Na 1948 diende het granietblok als mausoleum voor communistische leiders. Sinds 1989 was het gebouw verboden terrein en sinds 2009 zit er een expositie in over de roerige geschiedenis van het land in de 20e eeuw. Mis niet het 360°-stadspanorama vanaf het dakterras (café)!

Het MMM-muziekfestival in het Parukkarkapark getuigt al meer dan twintig jaar van de vrijdenkersgeest in Praag. De afkorting staat voor 'Million Marihuana March' en de oproep het gebruik van cannabis te legaliseren.

Van Žižkov naar Karlín #13

INFORMATIE EN OPENINGSTIJDEN

Nieuwe Joodse Begraafplaats 1: Izraelská 1, Praag 3, tel. 224 80 08 12, www.kehilaprag.cz, metro A: Želivského, zo.-do. 9-17, 's winters 9-16, vr. het hele jaar tot 14 uur.

Begraafplaats Olšany 2: Vinohradská 153, Praag 3, tel. 267 31 06 52, www.hrbitovy.cz, metro A: Želivského, dag. 8-19, mrt., apr., okt. 8-18, 's winters tot 17 uur.

Televisietoren Žižkov 4: Mahlerovy sady 1, Praag 3, tel. 210 32 00 81, towerpark.cz, metro A: Flora of Jiřího z Poděbrad, dag. 8-24 uur, Kč 200.

Nationaal Monument 6: U Památníku 1900, Praag 3, www.nm.cz, bus 133, 175 (vanaf metro Florenc) U Památníku, wo.-zo. 10-18, nov.-mrt. ook wo. gesloten, Kč 60, uitkijkplattform: wo.-zo. 10-17 uur, nov.-mrt. ook wo. gesloten, Kč 80, combiticket Kč 110.

Botas 66 1: Křížkovského 18, Praag 3, tel. 223 01 29 91, www.botas66.com, metro A: Jiřího z Poděbrad, ma.-vr. 11-19, za. 11-17 uur.

Playbag 2: Bořivojova 106, Praag 3, tel. 778 02 76 29, www.playbag.cz, metro A: Jiřího z Poděbrad, ma.-vr. 13-20, za. 11-15 uur.

ETEN EN DRINKEN

Voor koffie, gebak en hapjes ga je naar **Café Pavlač** 1 (Víta Nejedlého 23, Praag 3, tel. 222 72 17 31, www.cafepavlac.cz, ma.-vr. 10-23, za./zo. 11-23 uur), ook vanwege de sfeer. Voor een grotere maaltijd adviseren we het sympathieke **Restaurace Akropolis** 2 (Kubelíkova 27, Praag 3, tel. 296 33 09 90/91, ma.-do. 11-0.30, vr.-zo. 11-1.30 uur) in het gebouw van de gelijknamige cultclub (zie onder).

STERREN AAN DE PRAAGSE UITGAANSHEMEL

Sinds jaar en dag straalt het **Palác Akropolis** 1 (Kubelíkova 27, tel. 296 33 09 11, www.palacakropolis.cz), een concertpodium (rock, jazz en meer). Gemoedelijker is het in **Bukowski's** 2 (Bořivojova 86, tel. 773 44 52 80, dag. 19-3 uur), een rokerig cultcafé met goede drankjes en weinig licht. Bierliefhebbers gaan naar de **Pivovarský klub** 3 (Křižíkova 17, tel. 222 31 57 77, www.pivovarskyklub.com, ma.-vr. 11-23.30, za./zo. vanaf 11.30 uur) met een assortiment van honderden verschillende gerstenatten.

Uitneembare kaart G/H 5/6 | **Metro/bus** zie boven

14

Na zdraví! – **Kroegentocht door Praag**

In geen land ter wereld wordt bier zo vereerd als in Tsjechië. Doe als de Pragenaren en maak je op voor een stadstocht in het teken van het vloeibare goud. Je zult menig kunstig gebrouwen schat heffen, want van klassieke bierhallen tot moderne craftbeerbars heeft Praag bierliefhebbers veel te bieden.

In de aderen van deze carnavalsgorilla stroom zonder twijfel Boheems bloed – hij lest zijn dorst immers op typisch Boheemse manier.

Pivo, bier, hoort in heel Bohemen net als in Beieren of België tot de eerste levensbehoeften. Met 144 liter per jaar per persoon is Bohemen wereldrecordhouder en ook wat de prijs betreft geldt het betaalbare bier in Tsjechië als een mensenrecht. Het is dus niet zo gek dat in Praag zo'n duizend kroegen *(pivnice)* uitnodigen voor een biertje.

Kroegentocht #14

Brouwerij met een geschiedenis

De voornaamste *pivnice*, en die met de rijkste geschiedenis, is **U Fleků** ❶. Al sinds 1499 wordt hier van geroosterde mout een zwaar zwartbier van 13% gemaakt. Nergens in Midden-Europa kent men zo'n lange, ononderbroken brouwtraditie. Er wacht je ook een prachtige ambiance: je kunt kiezen uit acht verschillende ruimten met namen als Academie, Koffer, Leverworst, Oud-Boheemse Zaal of Ridderzaal. Alle zalen samen bieden ruimte aan 1200 mensen. Jij beslist in welke je het glas heft.

Traditie, opnieuw geïnterpreteerd

Nadat we ons in U Fleků hebben opgewarmd, gaat het verder naar de volgende kroeg. In het **Lokál** ❷ maken we voor het eerst deze avond kennis met het populairste bier van de Tsjechen: het pils – een lichte, iets bittere klassieker. Het Lokál is gebaseerd op de oude Boheemse bierhallen, maar is zelf nog niet zo oud, wat de gezellige flair helemaal niet schaadt. Mijn tip: bestel je pils *mlíko*. Het bier wordt dan door de barman met veel schuim ingeschonken. Wat elders als een faux pas aan de toog geldt, wordt hier

P
PAREN

'Food pairings' zijn geen uitvinding van 21e-eeuwse stadse foodies. De meestal nogal karige menukaarten van Tsjechische cafés bevatten van oudsher een rubriek 'Gerechten die goed bij bier passen'. Daartoe behoren stevige gerechten, zoals ham met mierikwortel of *utopenec*, een ingelegd worstje met een smaak waarover de meningen uiteenlopen.

INFORMATIE EN OPENINGSTIJDEN
U Fleků ❶: Křemencova 11, Praag 1, tel. 224 93 40 19, www.ufleku.cz, dag. 10-23 uur.
Lokál ❷: Dlouhá 33, Praag 1, tel. 222 31 62 65, www.lokal-dlouha.ambi.cz, ma.-za. 11-1, zo. tot 24 uur.
Nota Bene ❸: Mikovcova 4, Praag 2, tel. 721 29 91 31, www.notabene-restaurant.cz, bar: dag. 17-2 uur, restaurant: ma.-vr. 11-23, za. 12-23 uur.
Pivovarský klub ❹: Křižíkova 17, Praag 5, tel. 222 31 57 77, www.pivovarskyklub.com, dag. 11-23.30 uur.
Zly Kasy ❺: Čestmírova 5, Praag 4, tel. 723 33 99 95, www.zlycasy.eu, ma.-do. 14-23.30, vr. 14-1, za. 17-1, zo. 17-23 uur.
Beergeek ❻: Vinohradská 62, Praag 3, tel. 776 82 70 68, www.beergeek.cz, dag. 15-2 uur.

Uitneembare kaart D/E 6-8 | **Metro B** Karlovo Náměsti

#14 Kroegentocht

De boodschap van deze flesopener is duidelijk: geen biertje mag blijven staan.

heel bewust gedaan om de bittere smaak van het bier iets te temperen. Meteen maar een waarschuwing aan iedereen die het bier hier te goed smaakt: we zijn nog niet klaar!

Nadere kennismaking met craftbeer

Nu we al zo ver zijn doorgedrongen in de traditionele brouwtraditie van Praag, wordt het tijd ons aan de nieuwere biertrends te wijden. De internationale craftbeertrend is tenslotte niet aan Praag voorbijgegaan. Talloze *microbreweries* zorgen voor nieuwe, spannende impulsen. In het stadscentrum is de **Nota Bene** ❸ ideaal voor een eerste kennismaking met de plaatselijke biertrendsetters. In een aangename omgeving kun je hier in alle rust een groot aantal Praagse bierspecialiteiten proeven – en als je dan op een bepaald moment trek krijgt, loop je gewoon van de bar naar het bijbehorende restaurant, waar je net zo goed eet als je er drinkt.

→ OM DE HOEK

Bij de huurprijsontwikkeling in Praag is het niet verwonderlijk dat er geen kleine craftbeercafés buiten het stadscentrum geopend worden. Echte bierliefhebbers moeten de korte reis naar een van de voorsteden voor lief nemen. Tot de vaste sterren aan het bierfirmament behoren bijvoorbeeld de **Pivovarský klub** ❹ in Karlín, de **Zly Kasy** ❺ in Praag 4 en de **Beergeek** ❻ in Vinohrady.

De wortels van de stad – **een uitstapje naar Vyšehrad**

De steile rots die ten zuiden van de Nieuwe Stad boven de Moldau uitsteekt, wordt gezien als de vroegste zetel van de Přemysliden-dynastie. Dit is al lang als een legende ontmaskerd, maar de historische gebouwen, het mooie park en het uitzicht zijn toch de moeite waard.

Hier zou de legendarische vorstin Libuše de glorierijke toekomst van Praag hebben voorspeld. In werkelijkheid werd deze vesting pas na die in Hradčany gebouwd, ergens rond 950. De plaats beleefde zijn hoogtijdagen kort na 1100, nadat koning Vratislav II zijn residentie naar hier had verplaatst. De ronde, romaanse Sint-Martinuskerk stamt nog uit die tijd. Karel IV bepaalde dat de kroningsstoet van de koningen naar de burcht in Hradčany in Vyšehrad

Als je de trap beklimt de Vyšehrad op, komt de bestseller van Milan Kundera 'De ondraaglijke lichtheid van het bestaan' vanzelf bij je op.

#15 **Een uitstapje naar Vyšehrad**

moest beginnen. Hij liet alle gebouwen en versterkingen vernieuwen. Halverwege de 17e eeuw werd de strategisch belangrijke plek veranderd in een sterke barokvesting. In 1866 werd de citadel gesloopt. Gelijktijdig werd echter de schilderachtige rots in het kielzog van de nationale wedergeboorte een symbolische plek, die tal van dichters en componisten inspireerde tot uitingen van patriottische gevoelens. Nu is het terrein veranderd in een vredig parklandschap en is het een geliefde plek voor recreatie.

Het pantheon van Tsjechië

Doorgaans nader je de 'heilige heuvel' vanuit het zuidoosten via de barokke **Taborpoort** 1, op loopafstand van metrostation Vyšehrad. Iets voorbij de resten van de gotische **Špičkapoort** (infocentrum) ligt de **Leopoldpoort** 2 en vlak daarna kom je bij de **St.-Martinsrotonde** 3. Het al van veraf zichtbare herkenningspunt van Vyšehrad, de **Petrus-en-Pauluskerk** 4, staat op de restanten van een oude basiliek en is diverse keren verbouwd. In het park naast de kerk staan vier kolossale beelden, figuren uit sagen, van de beroemde barokbeeldhouwer Myslbek. Op het **kerkhof van Vyšehrad** 5 liggen meer dan zeshonderd groten der aarde begraven, onder wie Karel Čapek, Jan Neruda, Alfons Mucha, Antonín Dvořák en Bedřich Smetana.

Historische tentoonstellingen

In de zuidwesthoek van het vestingcomplex ligt een ruïne die **het Bad van Libuše** 6 wordt ge-

Ondanks de hussitische traditie blijkt Praag soms toch nog tamelijk katholiek.

Een uitstapje naar Vyšehrad *#15*

INFORMATIE EN OPENINGSTIJDEN
Informatiecentrum Špička: tel. 261 22 53 04, dag. 9.30-17 uur, www.praha-vysehrad.cz.
Gotische kelder 7 : Kč 50; **Kazematten** (met rondleiding) en **bakstenen poort** 8 : tentoonstelling Kč 60, galerie Kč 20. Alle apr.-okt. dag. 9.30-18, nov.-mrt. tot 17 uur.

ETEN EN DRINKEN
Je kunt goed en snel iets eten en drinken bij barbecuerestaurant **U vyšehradské rotundy** 1 tegenover de Sint-Martinuskerk (dag. 11-23 uur, vanaf Kč 140). In **Rio's Vyšehrad** 2 (Štulcova 2, tel. 224 92 21 56, www.riorestaurant.cz, dag. 10-24 uur, hoofdgerechten vanaf Kč 250) kun je stevig tafelen. Voor hartige kost en een stevig glas bier kun je terecht in café **Pod Vyšehradem** 3 (Vratislavova 4, tel. 222 95 15 22, ma.-vr. 11-23, za. 12-23, zo. 12-22 uur, hoofdgerechten vanaf Kč 120).

Uitneembare kaart D/E 9/10 | **Metro C** Vyšehrad

noemd. Verderop en iets hoger kom je bij de **Gotische kelder** 7 , waar een permanente expositie over de 'Historische figuren van Vyšehrad' te zien is. Ook in de **bakstenen poort** 8 is een expositie over de plaatselijke geschiedenis te zien. Van daaruit kun je de oude **kazematten** bezichtigen. In de hoofdruimte, de Gorlicezaal, wordt een aantal originele barokbeelden van de Karelsbrug bewaard.

Kubistische gebouwen

Er wacht je een schril contrast in stijl als je de burchtomgeving via de noordelijke poort verlaat: langs de straat naar beneden, richting Moldau, staan vlak bij elkaar drie paradepaardjes van kubistische architectuur. Ze zijn alle drie ontworpen door Josef Chochol, een leerling van Otto Wagner. Zijn **Hodekgebouw** 9 (Neklanova 30) is een mijlpaal van het moderne bouwen. Bijna net zo mooi zijn de **Villa Kovařovic** 10 (Libušina 3) en de pal aan de oever gelegen **driegezinswoning** 11, Rašinovo nábřeží 6-10.

Museumlandschap van Praag

ENTREEBEWIJZEN voor een andere wereld...
Museumliefhebbers komen in Praag aan hun trekken. Hier een paar favorieten en nog wat vreemde eenden in de bijt:

MAAR BESLIS VOORAL ZELF!

Museum van de stad Praag
di.-zo. 9-18 uur
Kč 120

De geschiedenis van de Gouden Stad van het begin tot in de late 18e eeuw. Hoogtepunt is de beroemde 20 m² grote maquette van de vroeg-19e-eeuwse stad van Antonín Langweil.

○ JA ○ NEE 📍 G 5, www.muzeumprahy.cz

Fotograf Gallery
di.-do. 13-19, vr. 13-18, za. 11-18 uur
toegang gratis

Een onmisbaar adres voor liefhebbers van fotokunst met regelmatige thematentoonstellingen van inheemse en internationale fotografen. Workshops en verkoopruimten zijn erbij aangesloten.

○ JA ○ NEE 📍 E 7, http://fotografgallery.cz

Biermuseum
dag. 11-20 uur
Kč 280

De 90 minuten durende rondleiding geeft inzicht in de productie, de geschiedenis en de huidige toestand van de lievelingsdrank van de Tsjechen. Proeven hoort er natuurlijk ook bij!

○ JA ○ NEE 📍 D 5/6, http://beermuseum.cz

Dvořákmuseum
di.-zo. 10-13.30, 14-17 uur
Kč 50

In een lief tuinkasteeltje van de barokarchitect Kilian Ignaz Dientzenhofer herinneren partituren, handschriften, foto's en voorwerpen aan het leven en werk van de componist Antonín Dvořák.

○ JA ○ NEE 📍 E 8, www.nm.cz

Museumlandschap van Praag

Seksmachinemuseum
dag. 10-23 uur
Kč 250

○ JA ○ NEE

Onderhoudende inkijkjes in de hogere kunst van de lichamelijke liefde en de bijbehorende hulpmiddelen. De verschillende glibberige objecten maken deze expositie een echte curiositeit.
📖 kaart 2, E 5, www.sexmachinesmuseum.com

Museum van het stads- en streekvervoer
25. mrt.–17. nov. za./zo. 9-17 uur
Kč 35

○ JA ○ NEE

In een voormalige tramremise worden meer dan veertig historische voertuigen van Praagse vervoersbedrijven getoond. Leuk voor oldtimerliefhebbers, maar wel wat ver van het centrum gelegen.
📖 A 3, www.dpp.cz

Apple Museum
dag. 10-22 uur
€ 9

○ JA ○ NEE

Een hoogtepunt voor alle alle iPhoneliefhebbers en Steve-Jobsfans: het museum toont de vermoedelijk grootste privécollectie ter wereld van Apple-producten. Er wordt gewerkt aan een 3D-rondleiding.
📖 kaart 2, D 5, www.applemuseum.com

Náprstek-museum
di.-zo. 10-18 uur
Kč 100

○ JA ○ NEE

Een must voor (hobby-)archeologen en volkenkundigen is een bezoek aan deze in de 19e eeuw door Vojta Náprstek bijeengebrachte collectie indiaanse en precolumbiaanse kunst.
📖 D 6, www.nm.cz

Galerie Rudolfinum
di./wo., vr.-zo. 10-18, do. 10-20 uur
Kč 120

○ JA ○ NEE

In het achterste gedeelte van dit prachtige neorenaissancegebouw, waar vroeger het Tsjechische parlement vergaderde en nu de Filharmonie onderdak heeft, gaat het om spannende hedendaagse kunst.
📖 D 4, www.galerierudolfinum.cz

Tijd voor musea

Met zijn wereldwijd onovertroffen schat aan historische gebouwen is Praag voor velen een groot openluchtmuseum. Inderdaad raad ik vooral architectuurliefhebbers aan de blik eenvoudig omhoog te richten en met open ogen door de Oude Stad te slenteren. Bovendien staan in Praag enkele van de indrukwekkendste musea van heel Europa, die je je niet mag laten ontgaan: een absoluut hoogtepunt is het **Joodse Museum**, dat verdeeld is over zes indrukwekkende locaties. Vanwege de grote belangstelling zijn de wachtrijen lang. Mijn tip: koop je kaartje online en bespaar zo tijd en geld! Tot de absolute musts behoren zeker ook de musea en gebouwen van de **Praagse burcht**, waarvoor ook een combiticket bestaat. Voor jugendstilliefhebbers is het **Muchamuseum** een aantrekkelijke bestemming. Daarnaast beschikt het Praagse **Nationale Museum** over in totaal acht adressen, allereerst het museum voor hedendaagse en moderne kunst in het **Praagse Beurspaleis**. De filialen van het Nationale Museum zijn in de regel di.-zo. 10-18 uur geopend. De toegangsprijs bedraagt – tenzij anders aangegeven – Kč 150.

GOEDKOPE BINNENKOMER

Als je maar kort in Praag bent, maar veel wilt zien, is de **Prague Card** ideaal. Deze is geldig voor twee, drie of vier achtereenvolgende dagen en geeft recht op toegang tot meer dan vijftig bezienswaardigheden, waaronder de Praagse burcht, het Joodse Museum en de belangrijkste paleizen, kastelen en musea. In de prijs voor volwassenen, € 46-65, is ook een 150 bladzijden tellend boekje inbegrepen, en de volwassenkaart biedt ook gebruik van het openbaar vervoer. De Prague Card is verkrijgbaar bij alle informatiepunten van het Prague Information Service, in de kantoren van Čedok (Na Příkopě 18), op het station Holešovice en in sommige hotels en musea.
www.praguecitycard.com

Tijdelijk te zien: Mucha's monumentale schilderijencyclus Slavisch Epos.

Historische gedenkplaatsen

Zowel het nationaalsocialisme als het communisme hebben in Praag bloedige sporen nagelaten. Veel musea en monumenten houden de herinnering aan deze duistere hoofdstukken van de stadsgeschiedenis levend.

De namen van de slachtoffers
Pinkassynagoge 🕮 kaart 2, D 5
Sinds 1996 is de synagoge in Josefov een herdenkingsplaats voor de joodse slachtoffers van het nationaalsocialisme. Bijna 80.000 namen van de slachtoffers, met geboorte- en sterfdatum, zijn op de muren van de vestibule, het hoofd- en het vrouwengedeelte en de galerij vereeuwigd. In een zijvertrek toont een expositie kindertekeningen en brieven uit concentratiekamp Theresienstadt.
Široká 3, Praag 1, tel. 222 74 92 11, www.jewishmuseum.cz, metro A: Staroměstská, nov.-mrt. 9-16.30, apr.-okt. 9-18 uur, za. en joodse feestd. gesloten, een van de zes locaties van het Joods Museum, combiticket Kč 500

Atomair griezelkabinet
Atoombunker in Hotel Jalta 🕮 F 6
Vroeger kenden alleen uitverkorenen het echte doel van Hotel Jalta: het luxehotel aan het Wenceslausplein was een camouflage voor een uitvoerig bunkercomplex waarin de communistische elite in het geval van een oorlog kon schuilen. In 1998 kwam het geheim van het hotel aan het licht. Sindsdien kan de bunker worden bezichtigd. Kaartjes via de website van het nog altijd in bedrijf zijnde hotel.
Václavské náměstí 45, Praag 1, tel. 222 82 21 11, www.hoteljalta.com, metro A/B: Můstek

Helden van het verzet
Nationale monument in de Heilige Cyrillus en Heilige Methodiuskerk 🕮 D 7
Hier wordt de zeven Tsjechische parachutisten herdacht die in 1942 de *Reichsprotektor* Reinhard Heydrich bij een aanslag doodden. Na de aanslag verschansten ze zich in de kerk en vielen in de strijd met de SS. Kogelinslagen getuigen nog altijd van de gevechten. Een kleine, ontroerende tentoonstelling beschrijft de gebeurtenissen.
Resslova 9a, Praag 2, www.pamatnik-heydrichiady.cz, metro: Karlovo náměstí, mrt.-okt. di.-zo., nov.-feb. di.-za. 9-17 uur, toegang gratis

De tijd tikt verder
Metronoom 🕮 D 4
Hier stond het grootste Stalinmonument in Europa, 7000 m³ graniet was ervoor nodig geweest. De personencultus was echter niet van lange duur. In 1956 beval Moskou, het inmiddels achterhaalde relict van de Stalinperiode af te breken. De reusachtige sokkel is lang leeg gebleven, maar in de jaren 90 begon beeldhouwer Karel Novák aan de oprichting van een enorme metronoom. Deze slaat nog altijd de maat van de tijd voor de Pragenaren en herinnert aan de vergankelijkheid van de macht.
Nábřeží Edvarda Beneše, Praag 7, tram: Čechův most

De ijzeren vuist van Moskou
Museum van het Communisme
🕮 kaart 2, E 6
Het moet niet gekker worden: in een adellijk paleis, tussen een casino en een McDonalds, documenteert dit museum de grijze jaren van de CSSR (1948-1989). Drie zalen vol memorabilia, informatief beeld- en tekstmateriaal over politiek en propaganda, het dagelijks leven, economie, leger, sport, onderwijs en spionage achter het IJzeren Gordijn. Interessant en aangrijpend.
Na Příkope 10, Praag 1, tel. 224 21 29 66, www.muzeumkomunismu.cz, metro A/B: Můstek, Kč 190

Literaire reis door Praag

Franz Kafka, Franz Werfel, Václav Havel, Egon Erwin Kisch: Praag als woon- en werkplaats van grote schrijvers is doorspekt van herinneringen. Onderweg in de stad duizelt het je soms van de aan beroemde schrijvers herinnerende monumenten in cafés en musea.

Haat-liefdeverhouding
Franz-Kafka-museum 📖 C/D 5
Aan de Moldau-oever aan de Kleine Zijde schetst dit museum de verhouding tussen Franz Kafka en zijn geboortestad. Het eerste deel van de expositie vertelt over de belangrijkste gebeurtenissen in zijn leven in de stad, het tweede deel hoe Kafka de fysieke werkelijkheid van Praag en zijn leven in een metafoor verandert. Spannend!
Cihelná 2b, Praag 1, tel. 257 53 53 73, www.kafkamuseum.cz, dag. 10-18 uur, metro A: Malostranská, Kč 200

Nog altijd levend
Prager Literaturhaus 📖 E 7
In dit culturele centrum leeft de Duitstalig-joodse cultuur van de jaren 20 en 30 van de 20e eeuw verder in een kleine, maar fijne expositie, lezingen en andere evenementen. Bovendien is hier een goed gesorteerde bibliotheek van Duitstalige literatuur.
Ječná 11, Praag 2, tel. 222 54 05 36, www.prager-literaturhaus.com, di., do. 10.30-12.30, 13-16.30 uur, metro: I.P. Pavlova, evenementen worden aangekondigd, toegangsprijs wisselend

Blik naar binnen
Kafkamonument 📖 kaart 2, E 5
'Praag laat me niet los', scheef Franz Kafka ooit. Voelbaar en zichtbaar wordt de raadselachtige dreigende sfeer die in zijn werk hangt pas goed bij het zien van het monument dat zijn geboortestad ter gelegenheid van zijn 120e geboortedag aan hem heeft gewijd. Het 3,75 m hoge bronzen beeld toont, verwijzend naar een scene uit de novelle *Beschrijving van een gevecht* een kleine figuur die op de schouders van een leeg omhulsel zit.
Dusní/hoek Vězeňská, Praag 1, metro: Staroměstská

Hij had altijd oog voor het lot van gewone mensen en zijn reportages inspireerden generaties jonge journalisten. Geboren en gestorven is **Egon Erwin Kisch** in Praag, waar hij al in zijn jonge jaren als razende reporter het genre van de sociale reportage perfectioneerde. Wat zou de grote humanist onder de journalisten gevonden hebben van de toenemende sensatiezucht van de moderne media?

Waar de schrijvers koffie dronken
Café Montmartre 📖 kaart 2, D 5
Dat schrijvers een voorkeur hebben voor rokerige cafés is bekend. In Praag hielden Kafka, Franz Werfel en Kisch, maar ook in het Tsjechtisch schrijvende auteurs als Jaroslav Hasek zich vaak op in Café Montmartre. In de periode van het communisme raakte het koffiehuis in vergetelheid. In de jaren 90 kocht een literatuurliefhebber en gastronoom het en blies het café nieuw leven in. Ook Václav Havel zou tot de stamgasten hebben behoord.
Řetězová 7, Praag 1, tel. 602 27 72 10, ma.-vr. 10-23 uur, metro A: Staroměstská

Provocerend kunstenaar David Černý

De een haat hem om zijn provocerende, zich tegen de autoriteiten afzettende werken, de ander roemt hem als spreekbuis in de strijd tegen een corrupt systeem. Als beeldhouwer David Černý zijn werken in de publieke ruimte plaatst, zijn alle ogen op hem gericht (▶ blz. 15).

De ene hand wast de andere
Brown-nosing 🗺 A 7
Het is niet gemakkelijk het voor cultureel centrum FUTURA staande beeld te beschrijven zonder expliciet te worden: het publiek klimt via een ladder in het achterste van een meer dan levensgrote figuur, waarbij twee bekende Tsjechische politici elkaar op een videoscherm liefdevol voeren. Daarbij klinkt *We are the champions*. Pure systeemkritiek!
Holečkova 4, Praag 5, www.futuraproject.cz, metro B: Holečkova

Een van verre aangestuurde straal
Piss 🗺 C 5
Ook het beeld bij het Kafkamuseum is een ironisch-komisch commentaar op de toestand in het land. Twee mannen staan te plassen in een bassin dat de omtrek heeft van de Tsjechische republiek. Met hun straal schrijven ze citaten in het water die door passanten via sms worden gestuurd.
Cihelná 2b, Praag 1, metro A: Malostranská

Bijna op de kop gevallen
Svaty Vaclav 🗺 E 6/7
Midden in het paleis Lucerna zie je een ruiterstandbeeld, maar dan anders. Nationale heilige Wenceslaus zit op een paard dat ondersteboven aan het plafond hangt en zo de cultus rond de nationale held aan de kaak stelt.
Štěpánská 61, Praag 1, metro A/B: Můstek

Zware bevalling
Embryo 🗺 kaart 2, D 5
Vlak bij de Karelsbrug vind je de *Embryo*, die als een cocon in een dakgoot aan de muur van het Divadlo Na zábradlí hangt, alsof hij zich door het geboortekanaal wil persen.
Divadlo Na zábradlí/hoek Anenské Námesti, Praag 1, metro A: Staroměstská

Hang hem hoger
Man hanging out 🗺 kaart 2, D 6
Wie hangt daar ook alweer? Ja, het is inderdaad Sigmund Freud, de vader van de psychoanalyse. Met dit kunstwerk stelt Černý vragen over de rol van de intellectuelen binnen de huidige maatschappij. Zijn stelling luidt: de intelligentia hangt aan een zijden draadje in de lucht te bungelen.
Husova 1, Praag 1, metro A/B: Můstek

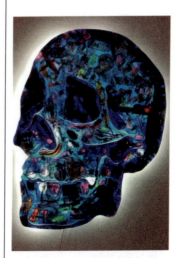

De beroepsprovocateur pakt het soms ook anders aan: David Černý's beeld The Skull (2015).

Pauze, even rebooten

De Pragenaren zijn dol op hun parken, tuinen en onbebouwde heuvels. Geen wonder, want ze vormen een groot deel van de levenskwaliteit van hun stad. Doe net als zij en laat je de heerlijke oorden waar de bevolking tot zichzelf komt niet ontgaan.

Een dierlijk genoegen
Dierentuin en botanische tuin
📖 buiten D 1
De dierentuin van Praag is een van de mooiste van Europa en staat ook in vakkringen goed bekend. Op een 60 ha groot terrein aan de Moldau kun je kennismaken met honderden diersoorten. Mis het Indonesische regenwoud, het gorillapaviljoen, de komodovaranen en de kinderboerderij niet. De pal naast de dierentuin gelegen botanische tuin *(botanicka zahrada)*, met de historische wijnberg van de heilige Klara, en de Japanse tuin zijn ook interessant.
U Trojského zámku 3, Praag 7, www.zoopraha.cz, metro: Nádraží Holešovice, jan.-feb. 9-16, mrt. 9-17, apr./mei 9-18, juni-aug. 9-21, sept./okt. 9-18, nov./dec. 9-16 uur, Kč 200

Het idyllische **Havlíčekpark** (📖 buiten F 8) tussen Vinohrady en Vršovice biedt allerlei curiositeiten, zoals een wijntuin, een waterval, een grot en de van verre zichtbare **Villa Gröbe**, een in neorenaissancestijl gebouwd herenhuis met een spannende geschiedenis. Moritz Gröbe zocht voor zijn familiehuis in de 19e eeuw namelijk uitgerekend een plek uit waar Karel IV al in 1356 een wijnberg had laten aanleggen.
Havlíčkovy sady, Praag 2, metro: Náměstí Míru

Ontspannen met mooi uitzicht
Letnápark 📖 D/E 3/4
Wil je na alle bezichtigingen lekker bijtanken in de buitenlucht? Trek je dan terug op de heuvel Letenské Sady en geniet van het prachtige uitzicht over de stad. Voor de inwendige mens is er een populaire biertuin met goedkoop bier. Veel plaatselijke inwoners nemen het bijbehorende eten gewoon zelf mee en maken het zich gemakkelijk in het park.
Letenské sady, Praag 7, tram: Čechův most

Praags grootste groenoppervlak
Stromovkapark 📖 E/F 1/2
Even ten noorden van het Letnápark ligt de bomentuin (Stromovka). De vroegere jachtgronden van de adel werden in de 19e eeuw openbaar park en zijn heel populair bij de bevolking. Ook hier zijn voldoende eetgelegenheden en op de lange, stevige paden komen wandelaars en nordic walkers aan hun trekken.
Stromovka, Praag 7, tram: Výstaviště Holešovice

Mythische heuvel
Vyšehrad 📖 D 9/10
De steile rots die ten zuiden van de Nieuwe Stad boven de Moldau uitsteekt, wordt gezien als de vroegste zetel van de Přemysliden-dynastie. Dit is allang als een legende ontmaskerd, maar de historische gebouwen, het mooie park en het uitzicht zijn toch de moeite waard!
V Pevnosti 5b, Praag 2, metro: Vyšehrad

Aan de hippe Moldau-oever
Náplavka 📖 C/D 7/8
Grijs in plaats van groen: aan de Moldau tussen de Jirásekbrug en de

Pauze, even rebooten

De Praagse zomer ademt vrijheid – en pas goed op de Moldau-oever.

Palackýbrug komen in de zomer de hipsters van Praag bijeen. Op zaterdag is er een boerenmarkt.
Rašínovo nábřeží, Praag 2, metro: Karlovo náměstí

's Avonds in het park
Riegerpark (Riegrovy Sady)
📖 G/H 7
Tussen de stadsdelen Vinohrady en Žižkov ontmoet de plaatselijke bevolking elkaar bij een biertje. Bijzonder aan te bevelen is de biertuin van het Rieger. Met de vele restaurants in de omgeving is het park ideaal om nog even te ontspannen voor het avondeten.
Riegrovy sady, Praag 2, metro: Jiřího z Poděbrad

Plaats van eeuwige rust
Olšanykerkhof (Olšanské hřbitovy)
📖 buiten H 7/8
Het Praagse Olšanykerkhof is niet alleen vanwege de vele kunstwerken en eregraven een bezoek waard. Voor de inwoners van Praag is Olšany vooral een geliefd doel voor een uitvoerige zondagswandeling. Waarom ga je niet gewoon mee?
Vinohradská 153, Praag 3, Metro: A Želivského

Romantische Zweisamkeit
Parken op de Petřín (Petřínské sady)
📖 A/B 5/6
Een sprookjesachtige plek voor verlieften zijn de tuinen van de Petřín-heuvel. Als in de lente honderden fruitbomen in de seminarietuin (Seminářská zahrada) en duizenden rozen in de rozentuin (Růžový sad) bloeien, vind je nergens een ontspannener plaats. Ideaal voor een picknick in de openlucht of een romantisch afspraakje.
Petřínské sady, Praag 1, tram 1, 5, 7, 9, 12, 13: Újezd

Wandelen in een barokke tuin
Kasteeltuin Troja (Zámecký park Troja) 📖 buiten D1
Dit prachtige kasteel liet graaf Wenceslaus Adalbert von Sternberg rond 1680 op het terrein van zijn toenmalige wijngaard bouwen. Het ligt midden in een barokke tuin naar Frans voorbeeld, met een grote centrale fontein, waar het als de zon schijnt heerlijk wandelen is.
U trojského zámku, bus 112: Zoologická zahrada

Overnachten

Als bijzaak hoofdzaak wordt

Voor veel vakantiegangers moet de hotelkamer in de eerste plaats een veilige en zo plezierig mogelijke plek zijn om te overnachten. Maar waarom niet van de bijzaak een hoofdzaak maken? De vele facetten die Praag vertoont spiegelen zich ook af op zijn hotels. In de afgelopen jaren zijn allerlei kleine boetiekhotels, vriendelijke pensions en hippe hostels geopend, waar het verblijf in de kamer tot een hoogtepunt van de vakantie kan worden. Dan zit je ineens op de zolderkamer van een gotisch gebouw of in een kamer met goudvissen. Deze veelzijdigheid maakt elk verblijf tot een bijzondere belevenis. Waarom zou je als je vaker naar Praag gaat, niet eens van hotel wisselen?

Overnachten is in Praag geen goedkope aangelegenheid. De prijzen worden naarmate je verder van de Oude Stad bent duidelijk lager. Menig hostel biedt behalve slaapzalen voor rugzaktoeristen ook keurige tweepersoonskamers die niet onderdoen voor een hotelkamer, maar wel veel goedkoper zijn. Gezinnen en groepen kunnen een appartement nemen. Vooral als je zelf kookt, is dat goedkoper dan een hotelkamer. Kijk daarvoor op het boekingsplatform Airbnb, dat – niet altijd tot vreugde van het hotelwezen – ook in Praag goede zaken doet. Sta open voor iets nieuws.

PERIFERIE MET LAGERE PRIJZEN

Goedkoper en vaak helemaal niet slechter dan in het centrum overnacht je in de **zuidelijke Nieuwe Stad** en in **Vinohrady**. In de afgelopen jaren schieten ook in vroeger onaanzienlijke wijken als **Žižkov**, **Smíchov**, **Karlín** en **Holešovice** mooie verblijven als paddenstoelen uit de grond. Een tip: om beter te kunnen vergelijken zijn de prijzen in dit hoofdstuk in euro's aangegeven. Tussen hoofd- en naseizoen bestaan grote verschillen.

Stoffige oubolligheid is voorbij: stijlvolle receptie in Hotel Maximilian.

Overnachten

Hotel Josef in de Oude Stad ontvangt je met onberispelijk viersterrencomfort.

BETAALBAAR EN PRETTIG

Gezellig onder dak
Betlem Club kaart 2, D 6
Comfortabele en prettige zolderkamers (met lift) tegenover de voormalige werkplaats van de kerkhervormer Jan Hus. Barokke voorgevel en gotisch muurwerk, aangekleed in een aardige mix van stijlen.
Betlémské náměstí 9, Praag 1, tel. 222 22 15 74/5, www.betrlemclub.cz, metro A/B: Můstek, 2 pk vanaf € 123

Midden in een trendy wijk
Czech Inn H 9
Dit comfortabele en stijlvolle hostel is niet alleen voor rugzaktoeristen een van de topadressen in de stad. De een- en tweepersoonskamers hebben hotelkwaliteit en overtuigen door een goede prijs. Ideaal voor jonge mensen is de ligging tussen de trendy wijken Vinohrady en Vršovice aan de hipsterboulevard Krymská. Menig avond eindigt hier in plaats van in de Oude Stad in een van de vele kroegen.
Francouzská 76, Praag 10, tel. 267 26 76 12, www.czech-inn.com, metro A: Náměstí Míru, 2 pk vanaf € 40

Net als thuis
Miss Sophie's & Sophie's Hostel E 8
Het kleine boetiekhotel is smaakvol en gezellig ingericht. Het sympathieke bedrijf is een hotel en een hostel in één en is zeer geschikt voor jonge stellen en groepen, die zich de gebruikelijke drukte in een jeugdherberg willen besparen. Uitstekende prijs-kwaliteitverhouding!
Melounova 3, Praag 2, tel. 246 03 26 20, http://miss-sophies.com, metro C: I.P. Pavlova, 2 pk vanaf € 70

Geheime tip voor koopjesjagers
U Svaté Ludmily G 8
Goedkoper kan niet. In dit door franciscanen gerunde scholieren- en studentenhuis staan in juli-augustus en in de weekends voor maximaal 140 gasten een-, twee- tot zespersoonskamers ter beschikking. Tijdens de schoolweken slechts vijftien bedden. Eenvoudig, vriendelijk, heel schoon, en ook geschikt voor gezinnen. Op de vijfde verdieping is een uitzichtterras en op elke verdieping zit een keuken voor wie zelf wil koken. Tijdig reserveren!
Francouzská 1, Praag 2, tel. 224 90 06 86, www.kdm.cz, metro: Náměstí Míru, 2 pk vanaf € 15, ontbijt en lunch elk € 2,90 extra

Overnachten

Attractie van een wat macabere soort: in het Unitas Prison Hotel, een oude gevangenis, kun je overnachten in de cel waarin Václav Havel lange tijd gevangenzat.

Hostelgevoel
Sir Toby's 🏠 ten oosten van H 2
Het in 1999 geopende Sir Toby's behoort in het snelgroeiende hostellandschap van Praag al tot de oude bekenden. Het succes van deze jeugdherberg, die van het begin af aan inzet op een goede sfeer en lage prijzen, is terecht. Hij staat in het populaire stadsdeel Holešovice, dat zich van een arbeiderswijk steeds meer tot een trendy buurt ontwikkelt. Wie op zoek is naar uitgaansmogelijkheden en betaalbare prijzen, komt hier aan zijn trekken.
Dělnická 24, Praag 7, tel. 246 03 26 11, www.sirtobys.com, metro C: Vltavská, 2 pk vanaf € 30

Biergenoegen
U Medvídků 🏠 kaart 2, D 6
In dit hotel volgt het bier je tot in je dromen. In deze historische brouwerijherberg uit de 15e eeuw slaap je onder gotische en barokke plafondbalken en in de bijbehorende brouwerij mag je als gast zelf proberen je bier te brouwen! Hoe leuk is dat?
Na Perštýně 7, Praag 1, tel. 224 21 19 16, http://www.umedvidku.cz, metro B: Národní třída, 2 pk vanaf € € 38

STIJLVOL OVERNACHTEN

Voor verliefden
The Nicholas Hotel Residence 🏠 C 5
Hier gaat het er romantisch aan toe: boven in een rococogebouw uit de 18e eeuw zitten negen comfortabele kamers voor verliefden. Ook de ligging laat het hart sneller kloppen: direct naast de Karelsbrug en de St.-Nicolaaskerk. Wat wil je nog meer?
Malostranské náměstí 5, Praag 1, tel. 731 45 27 91, www.thenicholashotel.com, metro A: Malostranská, 2 pk vanaf € 69

Jong design met charme
Hotel Josef 🏠 kaart 2, E/F 5
Dit zeer mooie, moderne en lichte hotel staat ook midden in het centrum van Praag en valt op door zijn goede prijs-kwaliteitverhouding. Het is ingericht door de in Tsjechië zeer bekende architecte Eva Jiřičná. Tip: boek direct op de website van het hotel. Dan krijg je volgens belofte altijd de laagste prijs.
Rybná 20, Praag 1, tel. 221 70 01 11, www.hoteljosef.com, metro B: Náměstí Republiky, 2 pk vanaf € 100

Overnachten

Kamers met goudvissen
Maximilian 🔑 kaart 2, E 4
Wilde je altijd al je hotelkamer delen met een goudvis? Haast je dan naar het Maximilian. Hier staat er op verzoek een aquarium in de comfortabele kamers. Het voeren van je kamergenoten wordt door het personeel gedaan. Andere pluspunten van het Maximilian zijn de ligging en het werkelijk vriendelijke personeel!
Haštalská 14, Praag 1, tel. 225 30 31 11, www.maximilianhotel.com, metro A: Staroměstská, 2 pk vanaf € 104

Duurzaam overnachten
Adalbert 🔑 ten westen van A 4
Ligt duurzaamheid je ook tijdens je vakantie na aan het hart? Dan ben je in Hotel Adalbert op de juiste plaats. Het kreeg als een van de eerst hotels in Tsjechië het EU-ecolabel en hecht veel waarde aan de milieuvriendelijkheid van zijn product. Ook de ligging binnen het klooster Břevnov is bijzonder. De kamers zijn eenvoudig, maar smaakvol ingericht en het eten in het kloostercafé smaakt voortreffelijk.
Markétská 1, Praag 6, tel. 220 40 61 70, www.hoteladalbert.cz, metro A: Petřiny, 2 pk vanaf € 68

Kunstig van het leven genieten
Hotel Hoffmeister & Spa 🔑 C 4
Kunstzinnig en luxueus is dit onderdak aan de voet van de Praagse burcht. Het beste punt van dit hotel is ongetwijfeld de chique wellness-afdeling in het historische keldergewelf. Ideaal om je na een lange dag sightseeing eens goed te ontspannen.
Pod Bruskou 7, Praag 1, tel. 251 01 71 11, www.hoffmeister.cz, metro A: Malostranská, 2 pk vanaf € 80

Vakantiedetentie
Unitas Prison Hotel 🔑 kaart 2, D 6
Redelijk geprijsde en schone accommodatie in voormalig klooster. Centraal in de Oude Stad. De oude monnikscellen in de kelder werden tot 1989 door de geheime politie voor verhoren gebruikt en dienen nu als gastenkamers. In cel P6 zat Václav Havel enige tijd vast als politiek gevangene.
Bartolomějská 9, Praag 1, tel. 224 23 05 33, www.unitas.cz, metro B: Národní třída, 2 pk vanaf € 125

Gezegende nachtrust
The Augustine 🔑 C 5
Een luxehotel met iets bijzonders. Zoals de naam al aanduidt, is het ondergebracht in een augustijnerklooster dat nog steeds in bedrijf is. Maak je geen zorgen: als gast van het hotel hoef je je niet als monnik te gedragen, maar waan je je in het paradijs.
Letenská 33, Praag 1, tel. 266 11 22 33, www.augustinehotel.com, metro A: Malostranská, 2 pk vanaf € 300

Exclusief en modern
Emblem 🔑 kaart 2, D 5
Een stijlvol hotel in de hogere prijsklasse, midden in het hart van de Oude Stad van Praag. Hier worden niet alleen regelmatig culturele evenementen gehouden voor de gasten, maar er is ook een eigen kuuroord en een geweldig steakrestaurant (George Prime Steak). Het hotel behoort tot de duurdere adressen, maar biedt dan ook absolute topkwaliteit, schitterende kamers en een vriendelijke service voor iedereen die meer van een hotel verwacht.
Platnéřská 19, Praag 1, tel. 226 20 25 00, emblemprague.com, metro A: Staroměstská, 2 pk vanaf € 267

Logeren op een boot
Botel Albatros 🔑 kaart 2, F 4
Een van de 'botel' genoemde hotelschepen op de Moldau. De Albatros ligt ten oosten van Josefov op loopafstand van de belangrijkste trekpleisters van de Oude Stad. Schoon en niet te duur, maar tamelijk klein en te ver stroomafwaarts voor een droomuitzicht op Hradčany en de Karelsbrug.
Nábřeží Ludvíka Svobody 1, Praag 1, tel. 224 81 05 47, www.botelalbatros.cz, metro B/C: Florenc, 2 pk vanaf € 60

Eten en drinken

De nieuwe variatie

Voor de nieuwe welvaart van de jaren 90 was de Praagse gastronomie berucht. Varkensvlees met jus en knoedels, runderschnitzel en worst domineerden het aanbod. Erbij natuurlijk het onvermijdelijke pilsje, blikken bestek en een menukaart van vlekkerig papier in doorzichtig folie. Deze culinaire woestijn is allang verleden tijd. Nu openen bijna dagelijks nieuwe restaurants en cafés met moderne styling en bijzondere concepten hun deuren.

Een kenmerk van deze razendsnelle vernieuwing is de reusachtige tegenstrijdigheid van het aanbod: Gevestigde, inheemse etablissementen hebben nog altijd eenvoudige, goedkope gerechten op de kaart staan. Direct daarnaast bieden echter geïmmigreerde of jonge, door een verblijf in het buitenland geïnspireerde chefs in hun gourmettempels culinaire hoogstandjes aan – en dat voor heel betaalbare prijzen! De hele wereld is in de keukens terug te vinden. Oosters, Mexicaans, mediterraan, borsjtsj, mezze of fish-and-chips: elke denkbare trek laat zich hier stillen. Dat daarbij natuurlijk niet alles goud is wat er blinkt, spreekt vanzelf.

OM ZELF TE ONTDEKKEN

Het beste leer je de culinaire traditie van Praag en de nieuwe trends op gastronomisch gebied kennen in de centraal gelegen **Dlouhá**. Hier liggen enkele van de beste restaurants van de stad naast elkaar. Het aanbod loopt uiteen van traditionele cafés via gourmetrestaurants en snackbars tot de onvermijdelijke toeristenvallen. Er zijn ook steeds meer leuke restaurants te vinden in het stadsdeel Vinohrady, rond de Náměstí Míru en langs de Francouzská, en verder de stad uit, aan de Krymská.

Trdelník, een zoetigheid die bijna klassiek is, gevuld met gehakte walnoten, amandelen of abrikozenpitten.

Eten en drinken

....
ZO BEGINT EEN GOEDE DAG IN PRAAG
....

De hogere kunst van het ontbijt
Café Savoy 🍴 C 6

Dit Praagse koffiehuisinstituut aan de Kleine Zijde is echt een must voor foodies. Het is vooral in het weekend raadzaam een tafel te reserveren. In een prachtige art-decosfeer geniet je hier van croissants, brioches en *French toast*. Mijn tip: ga vast voor het ontbijt de nabijgelegen Karelsbrug bekijken om de toeristendrukte voor te zijn.

Vítězná 5, Praag 5, tel. 257 31 15 62, www.cafesavoy.ambi.cz, ma.-vr. 8-22.30, za./zo. 9-22.30 uur, metro B: Národní třída, Savoy-ontbijt vanaf Kč 200

Bij de Hongermuur
Café Lounge 🍴 C 6

Direct naast de beroemde Hongermuur van Karel IV zit het Café Lounge. Honger zul je hier zeker niet lijden, want voor het ontbijt heb je een uitgebreide keuze uit taart, bagels en croissants, eieren op alle mogelijke manieren bereid, Bircher muesli, worstjes, versgeperste sappen en nog veel meer. Mijn tip: probeer de zelfgemaakte *koláč* – om je vingers bij op te eten.

Plaská 8, Praag 5, tel. 257 40 40 20, www.cafe-lounge.cz, ma.-vr. 7.30-22, za. 9-22, zo. 9-17 uur, metro B: Národní třída, ontbijt Kč 100 tot Kč 200

Ontbijten in de voorstad
Café Jen 🍴 ten oosten van H 9

De jonge uitbaters van Café Jen in het in opkomst zijnde stadsdeel Vršovice hebben zich in drie dingen gespecialiseerd: koffie, ontbijt en taart. Alle drie worden met heel veel liefde bereid en ze smaken in de heerlijk hippe omgeving uitstekend. Omdat er niet veel plaats is in dit kleine cafeetje, is het absoluut aan te raden om een tafel te reserveren.

Kodaňská 37, Praag 10, tel. 604 32 99 04, www.cafejen.cz, ma.-vr. 7.30-20, za./zo. 9-18 uur, metro A: Flora, ontbijt vanaf Kč 80

De culinaire Steve Jobs van Praag? Je mag de in de stad gangbare vergelijking met de Apple-visionair misschien wat overdreven vinden, maar **Tomas Karpisek** heeft met zijn keten **Ambiente** het gastronomische landschap van Praag wel op zijn kop gezet. Na in Oostenrijk als kok te zijn opgeleid, opende de destijds 23-jarige in de jaren 1990 het ene restaurant na het andere. De Pragenaren smachtten naar culinaire vernieuwing en liepen de deuren bij hem plat. Nu bezit hij meer dan twaalf van de beste restaurants, bistro's en cafés in de stad, zoals Lokál (▶ blz. 94), Café Savoy (zie hiernaast) en Eska (zie hieronder). Insiders beschrijven deze selfmade man als vriendelijk en bescheiden, iemand bij wie het in de eerste plaats maar om één ding gaat: heel goed eten.
Alle restaurants van Ambiente vind je op internet op www.ambi.cz.

....
DUURZAAM ETEN
....

Terug naar de bron
Eska 🍴 ten oosten van H 5

Back to the roots – dit idee zit achter het hippe restaurant Eska, dat in het al net zo trendy stadsdeel Karlín zijn deuren heeft geopend. Hier wordt niet uitsluitend vegetarisch gekookt, maar veel van de met regionale ingrediënten bereide gerechten hebben geen vlees nodig, en elk gerecht is een klein culinair meesterwerk. Van harte aanbevolen is ook de bijbehorende bakkerij, waar volgens biologisch recept brood en zoete lekkernijen worden gebakken.

Pernerova 49, Praag 8, tel. 731 14 08 84, www.eska.ambi.cz, ma.-vr. 11.30-15, 17.30-23.30, za./zo. 9-23.30 uur, metro B: Křižíkova, hoofdgerechten vanaf Kč 165

Eten en drinken

Oldrich Sahajdak is chef in het luxerestaurant La Degustation Bohème Bourgeoise.

Vegetarische koploper
Estrella 🍴 D 7

De tijden waarin Praag als vegetarische woestijn gold, zijn definitief voorbij. Het beste voorbeeld daarvan is Estrella, een klein, maar fijn vegetarisch restaurant in het centrum van de stad. Op de kaart staan internationale klassiekers als curry's en salades, mezze en een heerlijke quinoa-spinazieburger. Van harte aanbevolen, ook voor vleeseters.

Opatovická 17, Praag 1, tel. 777 43 13 44, www.estrellarestaurant.cz, dag. 11.30-22.30 uur, metro B: Národní třída, hoofdgerecht vanaf Kč 155

MODERN EN REGIONAAL

Vegetarische klassiekers
Lehká hlava 🍴 kaart 2, D 6

Het bekendste vegetarische restaurant van Praag is vaak tot de laatste stoel bezet. Reserveren dus! Wie een plaats heeft bemachtigd, mag zich verheugen op spannende culinaire creaties. Er staan ook veganistische opties op de kaart.

Boršov 2, Praag 1, tel. 222 22 06 65, www.lehkahlava.czm, ma.-vr. 11.30-23.30, za./zo. 12-23.30 uur, metro A/B: Můstek, hoofdgerecht vanaf Kč 200

Met de groeten van Kreuzberg
La Boheme Café 🍴 G 8

In de voormalige burgerlijke woonwijk Vinohrady vind je stijlvolle koffiehuizen die je eerder in Berlijn of New York zou verwachten. Een van de mooiste is La Boheme. Hier wordt uitsluitend fair gekweekte en direct verhandelde thee en koffie geschonken, met erbij de heerlijkste taarten. Koffiepotten, -molens en -machines zijn in de winkel te koop.

Sázavská 32, Praag 2, tel. 734 20 70 49, www.labohemecafe.eu, dag. 10-20 uur, metro A: Náměstí Míru

Niets weggooien!
Maso a kobliha 🍴 G 4

In een kleine, hippe Maso a kobliha ('vleespasteitjeszaak') doet de sympathieke eigenaar en chef-kok Paul Day het langzaam aan: 'slow grown' luidt het motto, zowel bij het gebruikte bio-vlees als bij de andere ingrediënten. Bovendien wordt hier volgens het 'whole animal'-principe gekookt: alles van een geslacht dier wordt gebruikt. Tip: in het weekend is er brunch!

Petrská 23, Praag 1, 224 81 50 56, www.masoakobliha.cz, di. 9-16, wo.-vr. 9-22, za./zo. 10-16 uur, metro B/C: Florenc, hoofdgerecht vanaf Kč 185

Eten en drinken

Topkoks onder elkaar
La Degustation Bohème Bourgeoise
kaart 2, E 4

Met talloze onderscheidingen en een culinaire filosofie die is gebaseerd op regionale ingrediënten en traditionele recepten, is dit restaurant een goed voorbeeld van de heropleving van de Tsjechische keuken. Als er iets bijzonders te vieren is of je gewoon heel goed wilt eten, dan ben je hier op het juiste adres. De prijs absoluut waard!

Haštalská 18, Praag 1, tel. 222 31 12 34, www.ladegustation.cz, dag. 18-24 uur, metro B: Náměstí Republiky, zesgangenmenu Kč 2450

Koffie voor twee
Můj šálek kávy (My Cup of Coffee)
ten oosten van H 5

In dit bijzondere koffiehuis is de sympathieke traditie ontstaan twee koffie te betalen en er een voor iemand te laten 'hangen' die niet genoeg geld ervoor te betalen. Ook verder gaat het er hier sociaal aan toe. De koffie komt uit biologische teelt, is fair en wordt direct verhandeld.

Křižíkova 105, Praag 8, tel. 725 55 69 44, www.mujsalekkavy.cz, dag. ma.-za. 9-22, zo. 10-18 uur, metro B: Křižíkova

Ben je veganist? Dan kun je ook in Praag terecht!

Bij de traditionele cafés wordt onderscheid gemaakt tussen de *pivnice*, een spartaans gemeubileerde bierkroeg, een *hospoda* of *hostinec*, een eenvoudig café, en het beduidend elegantere *restaurace*. Een pivnice is doorgaans nogal doorrookt en wordt overwegend door mannen bezocht. Het is in eerste instantie bedoeld om er te genieten van een biertje en tegelijk de maag goedkoop te vullen met traditionele zware kost. De andere lokalen houden rekening met de behoeften van gasten die geen zwaar werk verrichten. Zij serveren dus ook lichte kost en vegetarische schotels. Net als vroeger zijn ook de *vinárny* nog in trek, wijnlokalen die vaak in een gotisch keldergewelf zitten. Dat geldt ook voor de *bufety*, een kruising tussen een cafetaria en een snackbar, en de *kavárny*, koffiehuizen die nog steeds vaak een soort openbare huiskamer zijn.

KLASSIEKERS EN HIPPE ZAKEN

Coole ambiance
home kitchen E 6/7

Het café en de bistro in de Jungmannova is bij de plaatselijke bevolking zo populair dat er sinds 2009 vier filialen zijn. Het concept is in alle zaken gelijk: een jong, stijlvol interieur, gepaard met uitstekende culinaire creaties.

Jungmannova 8, Praag 1, tel. 734 71 42 27, www.homekitchen.cz, ma.-vr. 7.30-20 uur, metro A/B: Můstek, hoofdgerechten Kč 130

Herontdekking van de traditie
Lokál kaart 2, E/F 4/5

Het Lokál lijkt op het eerste gezicht een traditionele Tsjechische bierhal, maar is in feite een nieuw establissement dat de Tsjechische cultuur van het bierdrinken

Eten en drinken

in gezelschap ook onder jongeren weer sociaal acceptabel maakt. Met succes, want de zaak, midden in de Oude Stad, zit altijd bomvol, wat ook aan de aantrekkelijke prijs-kwaliteitverhouding kan liggen. Wie reserveert, is duidelijk in het voordeel.

Dlouhá 33, Praag 1, tel. 222 31 62 65, www.lokal.ambi.cz, ma.-za. 11-1, zo. 11-24 uur, metro A: Staroměstská, hoofdgerecht 100-Kč 170

Authentiek Boheems
Mincovna 🍺 kaart 2, E 5

Midden in het hart van de Oude Stad liggen, naast veel toeristenvallen, enkele echt goede traditionele cafés verscho-

Niet voor wie aan de lijn doet: Chlebíčky

len. Een daarvan is Mincovna, dat direct aan het Oudestadsplein de eer van de Boheemse keuken hooghoudt. Vooral de voordelige middagmenu's, die door de week worden aangeboden, zijn aan te bevelen.

Staroměstské náměstí 7, Praag 1, tel. 727 95 56 69, www.restauracemincovna.cz, dag. 11-24 uur, metro A: Staroměstská, middagmenu vanaf Kč 150

Rustieke keldergewelven
Ferdinanda 🍺 C 5

Dat in deze gewelven vooral tijdens de lunch veel ambtenaren en zakenlieden aanschuiven, mag als een goed teken worden opgevat. Ook toeristen komen hier graag voor de Boheemse specialiteiten. Laat je niet afschrikken door de wat barse bediening!

Karmelitská 18, Praag 1, tel. 257 53 40 15, www.ferdinanda.cz, ma.-za. 11-23, zo. 11-17 uur, metro A: Malostranská

Op de Olympus van het bier
Nota Bene 🍺 F 7

In deze moderne zaak serveert men uitstekend bereide Boheemse gerechten. Ernaast vind je een bar met een geweldig assortiment craftbeer. De sfeer is niet echt geschikt voor een huwelijksaanzoek, maar nodigt uit om lekker te blijven hangen en er nog een te bestellen.

Mikovcova 4, Praag 2, tel. 721 29 91 31, www.notabene-restaurant.cz, ma.-vr. 11-23, za. 12-23 uur, metro C: I.P. Pavlova, hoofdgerecht 160-Kč 300

Koffiehuis-klassieker
Café Louvre 🍺 D 6

Een van de vlaggenschepen van de Praagse koffiehuiscultuur: rond 1900 gesticht en al snel daarna het favoriete trefpunt van Kafka en Brod en co, in 1948 als bolwerk van de bourgeoisie gesloten en in 1992 glansrijk heropend. Ondanks de pracht en praal gemiddelde prijzen, niet-rokenruimte, biljartclub, kranten, en eigen banketbakkerij. Ernaast zit een knus restaurant waar goede gerechten op tafel komen.

BROODJES

Bij alle moderne culinaire invloeden blijft een ding altijd hetzelfde: als je een Tsjech naar zijn favoriete snelle hap vraagt, krijg je in 80 procent van de gevallen *chlebíčky* als antwoord. Eenvoudig gezegd gaat het hier om belegde broodjes die in hun Tsjechische variant in honderden verschillende vormen worden geserveerd: vaak worden ze met mayonaise en rode biet gegarneerd en vormen zo een complete maaltijd. Wie het origineel wil proberen gaat naar **Lahůdky Zlatý kříž** in de Jungmannovo náměstí 19 (📖 E 6). Het gaat er moderner aan toe bij **Sisters** in de Dlouhá 39 (📖 kaart 2, F 4/5).

Eten en drinken

Ontspannen de dag tegemoet treden in Café Slávia.

Národní 22, Praag 1, tel. 224 93 09 49, www.cafelouvre.cz, ma.-vr. 8-23, za./zo. 9-23.30 uur, metro B: Národní třída, hoofdgerecht vanaf Kč 120

Waar sterren en diva's komen
Café Slávia 🍴 D 6

Nog een koffiehuis-klassieker, en dat al bijna 150 jaar, waar zangers en acteurs van het ertegenover gelegen Nationale Theater hun inspiratie opdeden. Art deco met veel onyx, kersenhout en donkergroen leer vormt het kader voor een prachtig uitzicht op de Moldau. Het bekendste onderdeel van de inrichting is het jugendstilschilderij *De Absinthdrinker* van Viktor Oliva.

Smetanovo nábřeží 2, tel. 224 21 84 93, www.cafeslavia.cz, ma.-vr. 8-24, za./zo. 9-24 uur, metro B: Národní třída, hoofdgerecht vanaf Kč 160

Art-decodesignjuweel
Café Imperial 🍴 kaart 2, F 5

Imperial is beroemd om zijn fantastische art-deco-interieur: de wanden, zuilen en het plafond worden gesierd door fabeldieren, vorsten en godheden uit keramiek. Het is grondig gerenoveerd en de sfeer is er nu eerder representatief en chic dan gezellig, maar het is wel boeiend om te zien.

Na Poříčí 15, Praag 1, tel. 246 01 14 40, www.cafeimperial.cz, dag. 7-23 uur, metro B: Náměstí Republiky, hoofdgerecht vanaf Kč 300

Koffie voor hipsters
Original Coffee 🍴 kaart 2, D 6

In tegenstelling tot de grote, beroemde jugendstilcafés heeft Original Coffee zich in een straatje in de Oude Stad gevestigd. Nadrukkelijk ontspannen schenkt men hier zeer goed bereide koffie. Je kunt samen met de vriendelijke en vakkundige barista's beslissen of je hem uit de aeropress of de volautomaat wilt hebben. Als dat wat in je kopje zit belangrijker voor je is dan het exclusieve interieur, zul je in ieder geval van de jeugdige, door de cafés in Brooklyn

Eten en drinken

Regionale producten, uitstekend bereid: de Pragenaren eten Radek Kasparek van restaurant Field uit de hand.

geïnspireerde sfeer in deze exclusieve zaak kunnen genieten.
Betlémská 12, Praag 1, tel. 777 26 34 03, www.originalcoffee.cz, ma.-vr. 8-19, za./zo. 10-19 uur, metro A/B: Můstek

Thaise lekkernijen
Café Buddha F 7
In de Nieuwe Stad komen liefhebbers van de Aziatische-Thaise keuken goed aan hun trekken! Op de kaart van dit stijlvol ingerichte restaurant staan de klassiekers van de Thaise keuken, maar ook moderne, grensoverschrijdende creaties. En omdat het oog ook wat wil, komt elk gerecht prachtig opgemaakt als klein kunstwerk op tafel. Een feest voor het oog en de smaakpapillen!
Balbínova 19, Praag 2, tel. 606 98 06 12, www.balbinova.cafebuddha.cz, ma.-za. 11-22 uur, zo. 11-16 uur, metro A/C: Muzeum, hoofdgerecht vanaf Kč 170

Fiesta Mexicana
Las Adelitas kaart 2, E 5
Midden in de Oude Stad van Praag kun je genieten van de volledige pracht van de Mexicaanse keuken. Dit vriendelijke restaurant met kleurig beschilderde muren biedt echter niet alleen Mexicaanse klassieke gerechten als taco's, *parrilladas* en *enchiladas*. Ook de kaart met drankjes en cocktails moet je eens nader bestuderen. Dan blijf je na het eten zeker nog even zitten om het glas met elkaar te heffen!
Malé náměstí 13, Praag 1, tel. 222 23 32 47, www.lasadelitas.cz, ma.-vr. 11-24, za./zo. 12-24 uur, metro A: Staroměstská, hoofdgerecht vanaf Kč 190

Cultsnackbar uit het Verre Oosten
Mr. Banh Mi F 8
Vietnamees eten is bij de jonge bevolking van Praag populair als nooit tevoren. Het Mr. Banh Mi geniet haast een cultstatus. Het is een kleine snackbar die Vietnamese broodjes met overheerlijke vulling aanbiedt. Ze zijn ideaal voor een snelle hap voor het uitgaan of om mee te nemen en in het hotel op te eten.
Rumunská 30, Praag 2, tel. 775 15 04 29, www.mrbanhmi.cz, ma.-vr. 11-21, za. 11.30-20 uur, metro A: Náměstí Míru, broodje vanaf Kč 80

In de pizzahemel
Grosseto G 8
Een plaatselijk zeer geliefde, levendige pizzeria in het centrum van Vinohrady. Maar liefst veertig verschillende pizza's en veertig pastagerechten voor gemiddelde prijzen staan er op de kaart. De bediening is bijzonder vriendelijk en behulpzaam.
Francouzská 2, Praag 2, tel. 224 25 27 78, www.grosseto.cz, dag. 11.30-23.00 uur, metro A: Náměstí Míru, pizza en pasta vanaf Kč 140

Heerlijkheden aan een stokje
Brasileiro kaart 2, E 5
Vleesspecialiteiten, zoals runderspiezen à la *churrasco*. Bovendien maken ze hier lekkere salades, sushi, vis en zeevruchten en typisch Braziliaanse bijgerechten zoals geroosterde maniok, *chili salsa* en *batata frita*. En dat alles eet je op in een kleurrijke omgeving.
U Radnice 8, Praag 1, tel. 224 23 44 74, www.brasileiro-uradnice.ambi.cz, dag. 11-24 uur, metro A: Staroměstská, buffet vanaf Kč 445

Eten en drinken

....
EXPERIMENTEEL EN
BIJZONDER
....

Grote keuken op ooghoogte
Sansho 🍴 G 4
Je wilt goed eten, maar houdt niet van de stijl van een chic restaurant? Dan ben je bij Sansho op de juiste plaats! Hier draait in een aangename, lichte omgeving alles om goede smaak. Chef-kok Paul Day kookt pan-Aziatisch. Op het menu staan naast vis en vlees ook vegetarische gerechten.
Petrská 25, Praag 1, tel. 222 31 74 25, www.sansho.cz, di.-vr. 11.30-14, 18-23, za. 18-23 uur, metro B/C: Florenc, menu vanaf Kč 900

Vers van het veld
Field 🍴 kaart 2, E 4
In het exclusieve Field zet de uitstekende chef-kok in op regionale producten, die in prachtige recepten worden verwerkt. Reserveren moet, want het restaurant is weliswaar relatief nieuw, maar al heel erg in trek en daarom altijd goed bezet.
U Milosrdných 12, Praag 1, tel. 222 31 69 99, www.fieldrestaurant.cz, wo.-vr. 11-14.30, 19-22.30, za. 12-15, 18-22.30, zo. 12-15, 18-22, metro A: Staroměstská, zesgangenmenu Kč 2600

Authentiek en eerlijk
Kalina 🍴 kaart 2, E 5
In dit in 2012 geopende toprestaurant zorgen chef-kok Mirek Kalina en sommelier Vít Hepnar voor het welzijn van hun gasten. Twee woorden om het Kalina te beschrijven: authentiek en eerlijk. Heel bijzonder: in het Kalina schenkt men vooral champagne en Franse wijnen en de wanden worden gesierd met gravures van Toulouse-Lautrec.
Dlouhá 12, Praag 1, tel. 222 31 77 15, www.kalinarestaurant.cz, dag. 12-15, 18-23.30 uur, metro A: Staroměstská, hoofdgerecht vanaf Kč 500

In het Boheemse Sansho komt pan-Aziatisch eten op tafel.

Winkelen

Shoppen in ontwikkeling

Meer dan 25 jaar vrije markteconomie hebben de zakenwereld aan de Moldau volledig veranderd en van Praag een aantrekkelijke winkelstad gemaakt. Het aantal winkels en warenhuizen is enorm en groeit nog altijd snel. Naast de grote winkeltempels schieten vrijwel elke dag winkels en boetieks uit de grond, waarin opkomende designers hun creaties aan de man en vrouw willen brengen. Zo heeft zich in Praag een gevarieerd winkellandschap ontwikkeld, dat zich misschien nog niet kan maten met gerenommeerde steden als Parijs of Milaan, maar waar veel te ontdekken valt. Met wat geluk vind je hier vandaag de acccessoires die morgen op de catwalks verschijnen.

OM ZELF TE ONTDEKKEN

Als gevolg van de toenemende commercialisering van grote delen van de Oude Stad zijn winkels in de buiten het centrum gelegen stadsdelen voor veel jonge designers en antiquairs steeds aantrekkelijker geworden. Nieuwsgierigen doen er goed aan de in opkomst zijnde stadsdelen eens te bezoeken, zoals **Vinohrady**, Francouzská of **Karlín** aan de Křižíkova. Verrassend veel nieuws is ook te ontdekken in de winkels op het **Kampa-eiland** aan de westoever van de Karelsbrug.

De centrale winkelzone is het Wenceslausplein. Ook in de aangrenzende zijstraten en passages, met name de legendarische Lucerna Pasáž, zijn onvermoede schatten te vinden. Het Pàlladium – een architectonisch spannend complex met meer dan tweehonderd winkels aan de Náměstí Republiky – werkt als een magneet op winkelliefhebbers. Als belangrijkste winkelstraat geldt de voor een deel verkeersvrije as van Národní třída en Na příkopě. De Pařížská is opgeklommen tot een moderne modeboulevard. Creatieve souvenirs en mooi handwerk vind je in de vele kleine winkeltjes die zijn verdeeld over de straatjes van de Oude Stad en de Kleine Zijde.

Op de hak genomen: mode aan de Pařížská.

Winkelen

Online, nee dank je – lekker snuffelen tussen de boeken bij Shakespeare and Sons.

BOEKEN EN MUZIEK

Boekenuniversum 1
K-a-v-k-a kaart 2, D 6
Een goed gesorteerde boekwinkel met een enorme keus rond thema's als fotografie, design en moderne kunst. Bovendien worden ook kunstwerken van jonge Tsjechische kunstenaars verhandeld.
Krocínova 5, Praag 1, tel. 606 03 02 02, www.kavkaartbooks.com, metro B: Národní třída, ma.-vr. 11-19 uur

Boekenuniversum 2
Shakespeare & Sons C 5
Internationale cultboekwinkel met een rijk assortiment Duitse, Italiaanse, Franse, Engelse en Spaanse boeken. Er worden ook allerlei evenementen georganiseerd.
U Lužického semináře, Praag 1, tel. 257 53 18 94, www.shakes.cz, metro A: Malostranská, ma.-vr. 11-19 uur

Akoestisch eldorado
Bontonland kaart 2, E 6
In Praags grootste muziekwinkel vind je niet alleen de internationaal gebruikelijke schijven, maar ook Tsjechische klassiekers en spannende producties van Praagse muzikanten.
Václavské náměstí 1, Praag 1, tel. 601 30 91 80, www.bontonland.cz, metro A/B: Můstek, ma.-vr. 9-20, za. 10-20, zo. 10-19 uur

High Fidelity
Garage Store F 3
Coole platenzaak in de trendy wijk Karlín. Hier worden nieuwe en tweedehands platen en cd's, platenspelers, koptelefoons, boeken en posters verkocht.
Veverkova 6, Praag 7, www.garage-store.net, metro C: Vltavská, ma.-vr. 11-19, za. 12-16 uur

DELICATESSEN EN LEVENSMIDDELEN

Met de fles in de hand
Blatnička kaart 2, E 6
Voor wijnkenners is dit vermoedelijk vloeken in de kerk, maar anderen zullen het vast willen proberen: de tekst 'sudová vína' betekent dat dorstige passanten hier hun meegebrachte plastic flessen met – helemaal niet zo slechte – Tsjechische wijn kunnen laten

99

Winkelen

vullen. Voor degenen die liever zittend drinken: er horen een restaurant en een wijnbar bij.
Michalská 6, Praag 1, tel. 224 22 58 60, www.restaurace-blatnicka.cz, metro A/B: Můstek, ma.-za. 11-23, zo. tot 22 uur

Bieruniversum
Pivni galerie ten oosten van H 2
Met meer dan tweehonderd verschillende bieren van Boheemse en Moravische herkomst is de zaak van Petr Vanek vermoedelijk de best gesorteerde in Praag. Hier vind je alles wat je in het land van het bier kunt verwachten. Een must voor bierkenners die altijd op zoek zijn naar bijzondere rariteiten.
U Průhonu 9, Praag 7, tel. 220 87 06 13, www.pivnigalerie.cz, metro C: Nádraží Holešovice, ma.-vr. 11.30-19 uur

La dolce vita
Wine & Food Market C 10
Op in totaal vier standplaatsen verkoopt de populaire winkel in Italiaanse delicatessen zijn uitstekende waren voor eerlijke prijzen. In het filiaal in Smíchov kun je ook ter plaatse vis, pasta en heerlijke antipasti eten. Snel naar deze voorstad, dus!
Strakonická 1, Praag 5, tel. 733 33 86 50, www.winemarket.cz, tram: Praha-Smíchov, ma.-za. 7-23, zo. 8-23 uur

Zin in vlees
Naše maso kaart 2, F 4/5
Wanneer heb je voor het laatst een rij zien staan voor een slagerij? Bij een bezoek aan Naše maso moet je rekenen op een tijdje wachten, maar het is de moeite waard. Niet voor niets is de kleine slagerij in de Dlouhá bij Pragenaren zo in trek. Er zijn geweldige steaks te koop van regionale runderen. En helemaal mooi is dat je het vlees direct op de grill in de winkel kunt laten bereiden en ter plaatse kunt opeten.
Dlouhá 39, Praag 1, tel. 222 31 13 78, www.nasemaso.ambi.cz, metro A: Staroměstská, ma.-za. 8.30-22 uur

In de wijnkelder
Bobovka kaart 2, F 4/5
In de charmante kelderomgeving van deze vinotheek/bar kun je in alle rust uitstekende Tsjechische, Slowaakse en internationale wijnen proeven en kiezen welke je mee naar huis wilt nemen. Bovendien een goede keuze aan delicatessen, in het bijzonder sardines in olie van een zeer goede kwaliteit.

Op zoek naar schatten aan de oever van de Moldau.

Dlouhá 37, Praag 1, tel. 731 49 20 46, www.bokovka.com, metro A: Staroměstská, ma.-za. 15-1 uur

KUNST- EN VLOOIENMARKTEN

Moderne boerenmarkt aan de oever
Náplavka C/D 8/9
In het warme jaargetijde is de oever Rašínovo nábřeží het domein van de jeugd en de jong geblevenen van Praag. Met bier in een plastic bekertje en boven het water bungelende benen houd je het hier wel een tijdje uit. Van februari tot oktober wordt hier bovendien op zaterdag een populaire boerenmarkt gehouden, waar alles te koop is wat het hart sneller doet kloppen: van fruit en groente tot verse vis en kaas. In de zomer een ideale gelegenheid om de brunch naar buiten te verplaatsen!
Rašínovo nábřeží, Praag 2, www.farmarsketrziste.cz, metro B: Karlovo náměstí, feb.-okt. za. 8-14 uur

Drukte op de markt
Havelský trh kaart 2, E 6
De Havelmarkt is de oudste nog bestaande markt in Praag. Hij biedt een grote keus aan vers fruit en groente, maar ook houten speelgoed en souvenirs zijn er in overvloed te vinden.
Havelská 13, Praag 1, metro A/B: Můstek, dag. 8-18 uur

CADEAUS, DESIGN, CURIOSA

Creatieve souvenirs
Pragtique E 6
Ben je op zoek naar een leuk souvenir om mee naar huis te nemen voor de thuisblijvers, iets anders dan de gebruikelijke toeristenkitsch? In de Pragtique vind je heel creatieve kleinigheden, gemaakt door Praagse designers, van rugzakken tot notitieboekjes en T-shirts. Eenvoudig om anderen of jezelf cadeau te doen!
Národní 37, Praag 1, www.pragtique.cz, metro A/B: Můstek, ma.-vr. 11-19, za. tot 18 uur

Ze drijven hoog op de Retrogolf: de jongens van Botas 66.

Nostalgisch voetenwerk
Botas 66 kaart 2, D 6
Ooit als studentenproject begonnen, maar inmiddels allang cult: Botas 66 is de klassieke gymschoen uit de jaren 60, die in Tsjechoslowakije onder de naam Botas werd verkocht, revisited. Meeliftend op de retrogolf hebben twee Praagse studenten het oude merk nieuw leven ingeblazen en daarmee troffen ze de tijdgeest precies in de roos. Wie gymschoenen zoekt die een geschiedenis vertellen, alsjeblieft!
Skořepka 4, Praag 1, tel. 776 85 54 43, www.botas66.com, metro A/B: Můstek, ma.-za. 10-19, zo. 11-17 uur

Modern design
Cihelna Concept Store C/D 5
Direct aan de oever van de Moldau, aan de Kleine Zijde, is een Concept Store gevestigd die producten van regionale bedrijven verkoopt: vazen, sieraden, meubels, accessoires en kunst staan in de showroom te wachten tot ze mee naar huis worden genomen.
Cihelna 2b, Praag 1, tel. 257 53 53 73, metro A: Malostranská, www.cihelnaprague.com, dag. 11-19 uur

Winkelen

Voor de kleintjes
Hugo chodí bos 🔊 E 7
Hier vind je alles wat een kinderhart
– of dat van de ouders – sneller doet
kloppen: drinkflessen, speelgoed,
decoratieobjecten en meubels voor de
kinderkamer. Alles is regionaal geproduceerd en bezit net dat beetje extra. Loop
er eens binnen om je te laten inspireren.
Řeznická 12, Praag 1, tel. 602 83 49 30, www.
hugochodibos.cz, metro C: I.P. Pavlova, ma.-vr.
10-18, za. 11-16 uur

Tsjechische traditie in een nieuw jasje
Manufaktura 🔊 kaart 2, E 6
Bij de keten Manufaktura wijdt men zich
aan de bevordering van de traditionele
Tsjechische kunstnijverheid. De nadruk
ligt op houten speelgoed, zoals gelakte
koetspaarden, telramen en poppen.
Tevens vind je er Tsjechische cosmetica
van biologische herkomst.
Karlova 26, Praag 1, tel. 601 31 06 05, www.
manufaktura.cz, metro A: Staroměstská,
ma.-do., zo. 10-20, vr./za. tot 21 uur

Kunstwerkjes van papier
Papelote 🔊 D 7
Er zijn mensen die dol zijn op alles van
papier en karton. Als jij zo iemand bent,
kun je deze prachtige papierwinkel niet

Houten speelgoed bij Manufaktura

voorbijlopen. Aangeboden worden notitieboekjes in alle denkbare kleuren en
vormen, potloden, kaarten, washi tape
en nog veel meer.
Vojtěšská 9, Praag 1, tel. 774 71 91 13, www.
papelote.eu, metro B: Národní třída, ma.-vr.
11-19, za. 12-18 uur

MODE EN ACCESSOIRES

Adembenemende lingerie
Agent Provocateur 🔊 kaart 2, E 5
Midden in de meest exclusieve winkelstraat van Praag is een lingeriewinkel
neergestreken, waarbij niemand minder
dan de zoon van Vivienne Westwood is
betrokken. Behalve mooi ondergoed zijn
er ook nachthemden en badmode in de
collectie opgenomen.
Pařížská 12, Praag 1, tel. 222 31 02 31, www.
agentprovocateur.com, metro A: Staroměstská

Glinsterende ogen gegarandeerd
Debut Gallery 🔊 kaart 2, E 5
Prachtige sieraden, creatieve accessoires
en bijzondere mode voor vrouwen vind
je in deze betoverende kleine winkel,
direct naast het Oudestadsraadhuis. Het
bijzondere van deze winkel is dat alle
stukken die worden aangeboden van
plaatselijke designers afkomstig zijn.
Een ideale winkel om een heel speciaal
persoon met een uniek sieraad blij te
maken.
Malé náměstí 12, Praag 1, tel. 224 21 41 90,
www.debutgallery.cz, metro A: Staroměstská,
dag. 11-20 uur

Concept Store
dogumi 🔊 C 5
In deze verleidelijke concept store aan
de Kleine Zijde van Praag vind je moderne Tsjechische kunstnijverheidsproducten van natuurlijke materialen. Tassen,
stropdassen en papierwaren behoren tot
het standaardassortiment. Een uitkomst
voor iedereen die iets meer mee naar
huis wil nemen dan de gebruikelijke
kitscherige souvenirs.
Míšenská 3, Praag 1, tel. 21 30 15 24, www.
dogumi.cz, metro A: Malostranská, dag. 11-19 uur

Winkelen

Winkelen, maar niet doorsnee: fair verhandeld en met aandacht behandeld.

Fijn naaiwerk
La Femme MiMi 🛍 E 7
Eenvoudig en toch zo extravagant zijn de collecties van deze Aziatisch geïnspireerde boetiek in het centrum van de stad: deze combinatie spreekt de inwoonsters van Praag goed aan en daarom heeft MiMi de afgelopen jaren een vaste plaats in de plaatselijke modewereld veroverd. Deze bijzonder stijlvolle modezaak is absoluut een bezoek waard!

Štěpánská 53, Praag 1, tel. 223 01 11 26, www.lafemmemimi.com, metro A: Můstek, ma.-za. 10-19, zo. 11-17 uur

Retro puur
Lazy Eye 🛍 F/G 7/8
Een boetiek als deze zul je niet snel nog eens vinden: bijzondere en verleidelijke ontwerpen, van sexy tot elegant, die aan de esthetiek van de jaren 50 herinneren, maar altijd dat beetje extra uitstralen. Daarnaast vind je hier badkleding, schoenen en accessoires.

Ibsenova 3, Praag 2, tel. 728 63 02 75, www.lazyeye.cz, metro A: Náměstí Míru, ma.-vr. 13-18.30, za. 11-15 uur

Designmode voor jou
Tatiana 🛍 kaart 2, E 5
Bij de hoogwaardige mode van de bekende ontwerpster Tatiana Kovaříková draait alles om spectaculaire ontwerpen en buitengewoon vaardig verwerkte materialen. Een zweem Milaan, die niet alleen in het uitgaansleven van Praag de aandacht trekt.

Dušní 1, Praag 1, tel. 224 81 37 23, www.tatiana.cz, metro A: Staroměstská, ma.-vr. 10-19, za. 11-17 uur

Moderne fashion
TIQE 🛍 kaart 2, F 5
De creaties van de jonge ontwerpster Petra Balvinova zijn brutaal, sexy, maar niet smakeloos – en bovendien heel geraffineerd. In haar boetiek in de Oude Stad vind je de mooiste stukken en kun je ze als ze je bevallen, ook mee naar huis nemen.

Benediktská 9, Praag 1, tel. 608 51 96 56, www.tiqe.cz, metro B: Náměstí Republiky, ma.-vr. 10-19 uur

Uitgaan

De grote stad betovert

Of je nu houdt van een traditionele bierhal of van een trendy technoclub: in Praag vind je hoe dan ook de juiste plek om je van zonsondergang tot de eerste stralen van de ochtendzon te vermaken. Sinds de Fluwelen Revolutie is er naast de geijkte biertenten een enorme verscheidenheid aan lokaliteiten opgekomen, waar je je dorst kunt lessen en tegelijk een leuke tijd kunt hebben.

De frequentie waarmee nieuwe tenten worden geopend – en weer gesloten is in Praag bovengemiddeld hoog. Het prijsniveau voor de entree en de drankjes is echter duidelijk lager dan in andere grote steden in het oosten van Europa. Met de openingstijden wordt liberaal omgegaan. Het is niet ongebruikelijk dat een zaak tot drie, vier uur in de ochtend open is en de sluitingstijd is vaak rekbaar. Ook geografisch gezien kent de plaatselijke scene nauwelijks grenzen: in de Oude en de Nieuwe Stad zitten overal bars en clubs.

De oude arbeiderswijken, met name **Karlín** en **Smíchov**, zijn de afgelopen jaren echter uitgegroeid tot uitgaanswijken bij uitstek. Ook in de vroeger burgerlijke woonwijk **Vinohrady** vind je tegenwoordig op bijna elke hoek een gezellige kroeg, een trendy café of een restaurant. Ook de homoscene in Praag kent geen duidelijk centrum. Een zekere concentratie van populaire **gaybars** is te vinden rond de **Vinohradská**. Bij het zoeken naar adressen is de website www.prague.gay guide.net handig.

OM ZELF TE ONTDEKKEN

In het centrum ga je om je avond in te luiden naar de **Dlouhá** of de omringende straatjes. Vooral in het weekend word je hier echter geconfronteerd met lawaaierige vrijgezellenfeestjes. Dan kun je misschien beter naar de andere oever van de Moldau gaan. Vooral op het **Kampa-eiland** aan de Kleine Zijde gaat het er 's avonds wat rustiger aan toe. Wie op zoek is naar de subcultuur en echt hippe kroegen, gaat naar **Vršovice**. Rond de Krymská bevindt zich het officieuze centrum van de Praagse hipsterscene.

De bar Big Lebowski in Žižkov. Zou hier nu veel White Russian worden gedronken?

Uitgaan

BARS EN KROEGEN

Orgineler kan niet
U Černého vola ✹ A 4
De kroeg, die schuilgaat achter de rococogevel aan de zuidkant van het Loretoplein, lijkt een eiland in de stroom van de tijd. Aan de logge houten tafels komt het Praag van de brave soldaat Schwejk (Švejk) weer tot leven. Bij de *pivo* of de *slivovice* zijn stevige hapjes tegen communistische prijzen te krijgen, zoals Olomoucer wrongelkaas, knoedels met sap of worst met uien.
Loretánské námesti 1, Praag 1, tel. 220 51 34 81, metro A: Malostranská, dag. 11-15, 17-23 uur

Kroegenrots in de branding
U parlamentu ✹ kaart 2, D 5
Ook U parlamentu heeft ondanks de ligging in het toeristische stadscentrum zijn authentieke flair tot de dag van vandaag behouden. Behalve een smakelijk pilsje is ook het goedkope lunchmenu, dat dagelijks tussen 11 en 15 uur wordt geserveerd, aan te raden.
Valentinská 8, Praag 1, tel. 721 41 57 47, www.uparlamentu.cz, metro A: Staroměstská, dag. 11-23 uur

Praags craftbeer
Vinohradský pivovar ✹ ten oosten van H 8
Ook in Praag kan het craftbeer van lokale producenten zich in een grote populariteit verheugen. Het meest gedronken plaatselijke merk is Vinohradský pivovar in de gelijknamige wijk. Bij de brouwerij zit een modern café waar de specialiteiten van het huis worden geschonken.
Korunní 106, Praag 10, tel. 222 76 00 80, www.vinohradskypivovar.cz, metro A: Flora, dag. 11-24 uur

Cult-cocktailbar
Hemingway ✹ kaart 2, D 6
Gedempt licht, barkeeper in jarentwintigoutfit en exotische cocktails – dat is Hemingway. De twee verdiepingen tellende bar behoort tot de populairste

De Radost FX Club

uitgaansadressen van de stad en is dan ook meestal bomvol, wat de stijlvolle ambiance zeker geen schade doet. Wie reserveert of bereid is even te wachten, kan zich verheugen op een geslaagde baravond!
Karoliny Světlé 26, Praag 1, tel. 773 97 47 64, www.hemingwaybar.cz, metro B: Národní třída, ma.-do. 17-1, vr. 17-2, za. 19-2, zo. 19-1 uur

Praags beste cocktails
Cash Only Bar ✹ kaart 2, D 6
Zoals de naam al zegt, kun je hier alleen contant betalen. Het gaat er bij Cash Only gemoedelijker en minder chic aan toe dan in de bovengenoemde Hemingway. Laat je daardoor echter niet tegenhouden. Integendeel, want hier zijn misschien wel de beste cocktails van Praag te vinden. Erbij eet je hotdogs, die naarmate het later wordt en je meer alcohol hebt ingenomen steeds beter smaken. Reserveren niet mogelijk.
Liliová 3, Praag 1, tel. 778 08 71 17, www.cashonlybar.cz, metro A/B: Mûstek, zo.-di. 18-1, wo.-za. 18-2 uur

Bar om aan te hangen
Groove Bar ✹ D 6
Goede drankjes, een schemerige baratmosfeer en regelmatig optredens van inheemse dj's zorgen ervoor dat deze

Uitgaan

bar geliefd is bij de Praagse jeugd. Wie een iets jonger en alternatiever publiek zoekt dan bijvoorbeeld in de bar Hemingway zal het in de centraal gelegen Groove Bar naar de zin hebben.
Voršilská 6, Praag 1, tel. 777 61 02 79, groovebar.cz, metro B: Národní třída, ma.-do., zo. 19-3, vr./za. 19-4 uur

Champagnebar
L'Fleur ✿ kaart 2, E 5
L'Fleur heeft zich gespecialiseerd in champagne en internationale drankjes. Voor het echte bargevoel zorgen een kroonluchter, een lange toog en zeer vriendelijk personeel. Ideaal voor een afzakkertje op een laat tijdstip.
V Kolkovně 5, Praag 1, tel. 734 25 56 65, www.lfleur.cz, metro A: Staroměstská, dag. 18-3 uur

Ach, gay!
Qcafé ✿ D 7
Zeer vriendelijke gaybar/café, waar iedereen welkom is die tolerant is en openstaat voor anderen. Er worden regelmatig lezingen en andere interessante evenementen georganiseerd.
Opatovická 12, Praag 1, tel. 776 85 63 61, www.q-cafe.cz, metro: Národní třída, dag. 12-2 uur

In de hipsterhemel
Café Sladkovský ✿
ten zuidoosten van G 9
Tot voor enkele jaren gold Vršovice als een verlopen buurt waar je 's avonds maar beter kon wegblijven. Ook deze voormalige arbeiderswijk werd echter gesaneerd. Nu vind je hier de ene hipsterkroeg naast de andere. Speerpunt van de nieuwe Vršovice-lifestyle is het café Sladkovský, dat met zijn pastelkleurige wandtapijten en vintagemeubels zo lijkt te zijn weggelopen uit een film van Wes Anderson. Tip: probeer absoluut de burgers!
Sevastopolská 17, Praag 10, tel. 776 77 24 78, www.cafesladkovsky.cz, metro A: Náměstí Míru, ma.-vr. 10-1, za. 17-1, zo. 11-1 uur

Alternatieve bar voor fietsfanaten
Bajkazyl ✿ C/D 8
Van een repaircafé voor kapotte fietsen heeft Bajkazyl zich ontwikkeld tot een populaire, alternatieve openluchtbar. Direct aan de rivieroever kun je hier met een biertje in de hand van de avondzon genieten, een concert beluisteren of goedkoop een fiets huren. Alleen in de zomer!

Het Lucernapaleis is bijna honderd, maar de Music Bar blijft jong.

Rašínovo nábřeží, Praag 2, www.bajkazyl.cz, vanaf 14 uur (alleen bij mooi weer geopend), metro B: Karlovo náměstí

LIVEMUZIEK

Opwindende mix van stijlen
Lucerna Music Bar ☼ E 6
Op dit kleine podium, naast de beroemde concertzaal, zetten geregeld Praagse bands, maar ook kleine ensembles van buiten, hun beste beentje voor. De revival-videoparty's met popmuziek uit de jaren 80 en 90 zijn grote publiekstrekkers.
Vodičkova 36, Praag 1, tel. 224 21 71 08, www.musicbar.cz, metro A/B: Můstek, openingstijden afhankelijk van het programma

Subcultuurpodium met internationale faam
Meet Factory ☼ ten zuiden van C 10
De Meet Factory is een door de bekende kunstenaar David Černý gesticht cultuurterrein op een voormalig industrieterrein, waar galeries, ateliers, een theater en een concertzaal zijn verenigd. Het behoort tot de hipste podia voor concerten in Praag en heeft in de afgelopen jaren in heel Europa naam gemaakt. Voor wie in subcultuur geïnteresseerd is, is een bezoek aan de Meet Factory een must. Het actuele programma staat op de website.
Ke Sklárně 15, Praag 5, tel. 251 55 17 96, meetfactory.cz , tram: ČSAD Smíchov, dag. 13 tot 20 uur en afhankelijk van evenementen

Kelderconcerten
Café V Lese ☼ ten zuidoosten van G 8
In de voormalige bedrijfsruimte van Shakespeare and Sons zit nu deze cultclub. Een reis naar de voorstad is alleen al de moeite waard vanwege de leuke bar. Vooral de grote kelder en zijn originele muziekprogramma trekken jonge Pragenaren hier steeds weer naartoe.
Krymská 12, Praag 10, tel. 731 41 39 64, www.cafevlese.cz, dag. 16-2 uur, metro A: Náměstí Míru

JAZZ EN THE CITY

Jazz-alma mater
Reduta ☼ D 6
De oudste jazzclub van de stad en het voormalige trefpunt van opstandige intellectuelen werd mede beroemd door de saxofoonsolo, die Bill Clinton hier in 1994 aan Václav Havel voorspeelde. De club wordt gekenmerkt door een seventiessfeer en een muzikale stijlmix.
Národní třída 20, Praag 1, tel. 224 93 34 87, www.redutajazzclub.cz, metro B: Národní třída, dag. vanaf 21 uur

Boheems vuurritueel met absinth – durf jij het aan?

Jazz op wereldniveau
AghaRTA Jazz Centrum ☼ kaart 2, E 5
Overdag rustig café, 's avonds een hotspot van de Praagse jazzscene. Relaxed en gezellig qua sfeer, ambitieus wat betreft de kwaliteit van de muziek van de binnen- en buitenlandse artiesten. Er treden geregeld internationale topjazzmusici op.
Železná 16, Praag 1, tel. 222 21 12 75, www.agharta.cz, metro A: Staroměstská, dag. vanaf 19 uur, livemuziek vanaf 21 uur, toegang Kč 250

Jazz op de Moldau
Jazz Dock ☼ C 7
In deze club op een boot aan de Moldauoever in Smíchov treden vooral lokale jazzmusici op. Hier komt de veel geroemde, maar wat in de verdrukking geraakte spirit van de Praagse jazz weer tot leven.
Janáčkovo nábř. 2, Praag 5, tel. 774 05 88 38, www.jazzdock.cz, ma.-do. 15-4, za./zo. 13-4, zo. 13-2 uur, tram: Arbesovo náměstí

Uitgaan

AVONDSPITS

Mooie klassieke concerten voor een relatief lage prijs hoor je in het **Rudolfinum** en in de **Smetanazaal** van het Obecní dům. Theater- en operaliefhebbers gaan naar het **Nationale Theater** (Národní divadlo) en de **Staatsopera** (Státní opera). Een unicum in Praag is het beroemde **Zwarte Theater**. De kwaliteit van de voorstellingen is heel wisselend. Wie op zeker wil varen gaat naar de **Laterna Magica**.
Een uitgebreide agenda is te vinden in de Duitstalige Praager Zeitung en in de Engelstalige Prague Post. Beide verschijnen op donderdag. Op het internet kun je kijken op het toeristenplatform www.prague.eu.
Dresscode: in Praag kleedt men zich voor theater of opera ook tegenwoordig nog mooi aan. Wie in jeans komt, valt uit de toon.

State-of-the-art muziekclub
Roxy ☼ kaart 2, E/F 4/5
Ruim en zeer populair bij alle danslustigen – een club van Europese klasse. Installatie van 10.000 watt, hypermoderne laser- en videotechniek, filmzaal, theater, allerlei multimediaprojecten, daarnaast vier bars met gratis internet, chique chill-outruimtes. Internationale dj's komen hier graag.
Dlouhá 33, Praag 1, www.roxy.cz, tel. 776 31 09 50, metro B: Náměstí Republiky, openingstijden afhankelijk van het programma

Late Night Party-Boot
U Bukanýra ☼ kaart 2, F 4
In de clubboot op de Moldau wordt tot zonsopkomst op housemuziek gedanst. Het is misschien een kwestie van leeftijd, maar wie zich jong genoeg voelt om na een hele nacht dansen van de zonsopkomst te genieten, zal daar in Praag geen mooiere plek voor vinden.
Nábřeží Ludvíka Svobody 1, Praag 1, tel. 608 97 35 82, www.bukanyr.cz, metro B: Náměstí Republiky, do. 22-4 uur, vr./za. 23-07 uur

DANSEN

Indrukwekkende cult-club
Cross Club ☼ H 1
De Cross Club is slechts een van de vele bewijzen van het feit dat de Praagse clubcultuur inmiddels tot de spannendste van Europa behoort. Door de bezetting van een leegstaand huizenblok is hier een van de aansprekendste underground-clubs van de stad ontstaan. Indrukwekkend zijn de in steam-punk-esthetiek uitgevoerde kunstwerken van buizen, tandwielen en machineonderdelen, die de club vanbinnen en vanbuiten sieren. Wie niet tot diep in de nacht op de beat van dreunende bassen wil dansen, maar gewoon de avond met een biertje wil uitluiden, moet toch even langskomen en zijn voordeel doen met de terrasbar en de uitstekende menukaart.
Plynární 23, Praag 7, tel. 775 54 14 30, www.crossclub.cz, metro C: Nádraží Holešovice, bar: 14-2 uur, club: 20-5 uur

BIOSCOPEN

Historische bioscoopzaal
Lucerna ☼ E 6
Als er een bioscoop is waar je zou willen dat het licht tijdens de voorstelling niet uit zou gaan, dan is het wel in de Lucerna, met zijn wondermooie historische zaal.
Vodičkova 36, Praag 1, tel. 224 21 69 72, www.kinolucerna.cz, metro A/B: Můstek

Art House
Světozor ☼ E 6
Deze bioscoop toont enkele malen per dag arthousefilms en is een geliefde ontmoetingsplaats voor filmliefhebbers.
Vodičkova 41, Praag 1, tel. 224 94 68 24, www.kinosvetozor.cz, metro A/B: Můstek

Reisinformatie

AANKOMST

Praag is met ruim 1,2 miljoen inwoners een middelgrote metropool. Voor wie geen Tsjechisch beheerst, is de grootste uitdaging de namen van haltes te verstaan en zonder misverstanden op de bestemming aan te komen. Het vervoersnet is echter heel overzichtelijk en prettig in het gebruik. Enkele tips kunnen echter van pas komen.

... met het vliegtuig
De internationale luchthaven Václav Havel (kaart 5) ligt 20 km ten noordwesten van het centrum. Vluchtinformatie: tel. 220 11 18 88, www.prg.aero (actuele gegevens, Engels).

Vervoer naar de stad: buslijn 119 rijdt van 4.30 uur tot vlak voor middernacht elke 10 à 15 minuten tussen de luchthaven en metrostation Dejvická (lijn A). Buslijn 100 brengt je naar station Zličín (B), de nachtbus rijdt naar station I. P. Pavlova (C).
Čedaz-bussen: de hele dag pendelen minibussen van de firma Čedaz elk halfuur tussen de luchthaven en het ČSA-kantoor aan V Celnici, vlak bij metrostation Náměstí republiky (lijn B). Tarief enkele reis Kč 150 p.p. (www.cedaz.cz).
Airportexpress: rijdt van de luchthaven naar station Hlavní Nádraží. Tarief enkele reis Kč 60 p.p, aan het loket Kč 30. Rijdt dagelijks elk halfuur van 5 tot 22 uur.

... met de trein
De meeste treinen uit West-Europa rijden tot het Centraal Station, Hlavní Nádraží (📕 F/G 6), andere komen aan op Holešovice (📕 H1) in het noordoosten van de stad. Binnenlandse treinen en treinen naar de oosterburen vertrekken op station Masaryk (Masarykovo nádraží; 📕 F/G 5) aan de Hybernská en station Smíchov (Smíchovské nádraží; 📕 F/G 5) aan de Nádražní (informatie: tel. 840 11 21 13, www.cd.cz).

... met de auto
Voor de tolwegen (voornamelijk snelwegen) in Tsjechië heb je een **vignet** no-

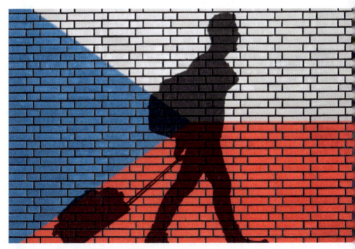

Onafhankelijk en mobiel – zo reis je nu. Czech Tourism heeft dat ingezien.

Reisinformatie

Ontmoeting in het geel: taxi voor Frank O. Gehry's Dansende Huis.

dig, dat verkrijgbaar is bij de grensovergang, bij postkantoren en tankstations (voor tien dagen: Kč 310/€ 14, voor een maand: Kč 440/€ 20). Het **dragen van autogordels** is verplicht en je moet met **lichten aan** rijden, ook overdag. **Alcohol is achter het stuur absoluut verboden**. De **maximumsnelheid** is in de bebouwde kom 50 km/uur, op secundaire wegen 90 km/uur en op snelwegen 130 km/uur.
24-uurs pechhulp: tel. 1240, 1230.

OPENBAAR VERVOER

Doe het de inwoners van Praag na en maak gebruik van de metro en de tram. Alle interessante bezienswaardigheden, stadsdelen en andere bestemmingen zijn het beste bereikbaar met het openbaar vervoer. Je kunt ook een City Bike huren (kaart 2, F 5, Královorská 5, Praag 1, tel. 776 18 02 84, www.citybike-prague.com, metro B Náměstí Republiky, apr.-okt. dag. 9-19 uur): voor 2, 4 en 6 uur, resp. de hele dag; bovendien begeleide groepsrondritten naar alle belangrijke bezienswaardigheden in het centrum (€ 22). In Praag kun je je **auto** het beste bij het hotel, op een van de bewaakte parkeerterreinen of in een parkeergarage laten staan en het dichte net van het openbaar vervoer gebruiken. Lopen kan ook. In het centrum zijn drie parkeerzones, te herkennen aan oranje, groene of blauwe markering. De belangrijkste adressen voor parkeeropties – en veel meer tips over het verkeer in de stad vind je op de website www.dpp.cz. De **metro** (lijn A groen, B geel, C rood), **trams** en **bussen** rijden van 4.30 tot 24 uur. 's Nachts rijden de tramlijnen 51-59 en buslijnen 501-515 en 601-610 een aangepaste route. Het centrale overstappunt is dan halte Lazarská (informatie bij het Praags Vervoersbedrijf: tel. 296 19 18 17, www.dpp.cz, dag. 7-21 uur).
Kaartjes: een enkeltje met overstapmogelijkheid kost Kč 32 (kinderen 6-15 jaar en senioren 65-70 jaar Kč 16) en is 90 minuten geldig, op werkdagen van 20 tot 5 uur. Voor korte metroritjes – 30 minuten, maximaal 5 haltes – zijn er kaartjes van Kč 24 (kinderen en senioren Kč 12), te koop op sommige metrostations, bij krantenkiosken, in hotels, reisbureaus, warenhuizen, enz. Kinderen onder de 6, senioren boven de 70 jaar en een ieder, die een kind tot 3 jaar begeleidt, kunnen gratis reizen. Voor grote bagagestukken betaal je Kč 16.
Het starttarief voor een **taxi** is Kč 40. Daarna betaal je Kč 28 per kilometer. Als je de taxi laat wachten, kost dat Kč 6 per minuut. De prijzen moeten zowel in als buiten de auto goed zichtbaar zijn aangegeven. Evengoed is het verstandig om voorafgaand aan de rit een totaalbedrag af te spreken of, beter nog, een taxi te bellen. De chauffeur is verplicht je desgewenst een bonnetje te geven. Serieuze taxibedrijven zijn onder meer AAA, tel. 140 14; Profi Taxi, tel. 140 15; City Taxi, tel. 257 25 72 57; Halotaxi, tel. 244 11 44 11; Sedop, tel. 777 666 333.
Van april tot oktober worden diverse **rondvaarten** op de Moldau aangeboden – het aanbod varieert van korte,

Reisinformatie

50 minuten durende tripjes tot (dag.) tochten naar onder meer Troja, Štěchovice, Mělník of de stuwdam van Slapy. (informatie: Praagse Stoombootmaatschappij PPS, tel. 224 93 00 17, www.paroplavba.cz; Evropská vodní doprava: tel. 224 81 00 30, www.evd.cz).
Een **kabelbaan** voert je vanaf het dalstation Újezd de Petřínheuvel op en maakt een tussenstop bij restaurant Nebozízek (▶ blz. 49), dag. 9-23.30 uur elke 10-15 minuten.

BIOPRODUCTEN

Uit de regio afkomstige biologische levensmiddelen zijn te koop op de elke middag gehouden markten, zoals op de Havelská en de voorstadmarkten in Smíchov, Dejvice en Holešovice (ma.-za.). Een goudmijn voor mensen die van kruiden en natuurlijke cosmetica van biologische teelt houden is het familiebedrijf **Botanicus** aan het Týn 3, tel. 234 76 74 46, www.botanicus.cz, dag. 10-20 uur. Ook interessant: met Urban Gardening hebben de Pragenaren een wereldwijde trend opgepakt. Je ziet steeds meer stadstuinen op binnenplaatsen.

DIPLOMATIEKE VERTEGENWOORDIGING

Nederlandse ambassade: Gotthardská 6/27, 160 00 Praag 6, Bubenec, tel. 233 01 52 00, www.tsjechie.nlambassade.org, pra@minbuza.nl, ma.-vr. 9-17 uur.
Belgische ambassade: Valdštejnská 6, 11801 Praag 1, Malá Strana, tel. 257 53 35 24, diplomatie.belgium.be/czech_republic, prague@diplobel.fed.be, ma.-do. 9-12 en 14-17, vr. 9-12 en 14-16 uur.

DOUANE

Legitimatie: Tsjechië is een Schengenland, maar je bent wel verplicht een paspoort of ander identiteitsbewijs bij je te hebben.

In- en uitvoer: EU-burgers mogen zaken voor eigen gebruik in- en uitvoeren. De in- en uitvoer van wapens, drugs en (producten van) dieren die op de lijst van met uitsterven bedreigde soorten staan, is streng verboden.
Huisdieren: je hebt een Europees dierenpaspoort nodig waarin staat dat het dier tegen hondsdolheid is gevaccineerd.

GELD

De munteenheid is de **Tsjechische kroon** (koruna česká, Kč of CZK). Er zijn munten van 1, 2, 5, 10, 20, 50 kroon en bankbiljetten van 20, 50, 100, 200, 500, 1000, 2000 en 5000 kroon.
Je kunt overal creditcards gebruiken en op veel plaatsen met je pinpas geld opnemen. Het is voordeliger om contant geld met een pinpas op te nemen dan euro's in te wisselen. Kijk uit voor wisselkantoren: ze brengen soms een schandalig hoge provisie in rekening. Je kunt het beste je geld wisselen bij een grote bank, zoals Česká spořitelna of Komerční.

INFORMATIE

... op het internet
www.tasteofprague.com
Authentiek foodblog met veel tips over restaurants in Praag, in het Engels en Tsjechisch.

www.praha.eu, **www.prag.eu**
Praag-portal met actuele informatie over evenementen, voor toeristen, inwoners en ondernemers.

www.spottedbylocals.com/prague
Locals verklappen in het Engels hun favoriete plekjes in de stad.

www.prague.use-it.travel
Een door locals opgestelde gids om te downloaden, waarin ze 'hun Praag' met gasten delen.

Reisinformatie

www.cityspy.info/map/interactive/prague
Interactieve kaart van interessante plaatsen in Praag.

www.czechtourism.com
Site van het Tsjechische toeristenbureau, CzechTourism.

Tsjechisch Centraal Bureau voor Toerisme – Czechtourism
www.czechtourism.com

In Praag
– Vinohradská 46,
tel. 221 58 06 11 of 221 58 01 11,
info@czechtourism.cz
– Staroměstské náměstí 6,
tel. 224 86 14 76,
staromestska@czechtourism.cz
Beide: ma.-vr. 9-18, za./zo. 9-17 uur.

Voor de Benelux
Tsjechisch Bureau voor Toerisme
Gatwickstraat 11
1043 GL Amsterdam
tel. 06 15 69 68 75
info-nl@czechtourism.com
www.czechtourism.com

Informatiekantoren in Praag
PIS, Pražská informační služba (Prague Information Service): tel. 221 71 47 14, ma.-do. 8-16, vr. 8-16 uur
tourinfo@pis.cz; www.pis.cz

Op de volgende plaatsen krijg je allerlei informatie, kun je de Prague Card aanschaffen en tickets voor culturele evenementen en rondleidingen:
Raadhuis Oude Stad (Staroměstská radnice): het hele jaar dag. 9-19 uur
Luchthaven (Terminal 1 resp. 2): dag. 9-19 resp. 8-20 uur
Brugtoren Malá Strana (Malostranská mostecká věž): begin apr.-begin nov. dag. 10-18 uur
Rytířská 12: ma.-vr. 10-18 uur
Wenceslausplein: kiosk op het plein/hoek Štěpánská, dag. 10-18 uur

---

KORTING OP OPENBAAR VERVOER

Een zeer goede mogelijkheid om Praag met het openbaar vervoer te verkennen, vormt de **24-uurskaart**. Hij kost Kč 110 (kinderen en ouderen van 60 tot 70 jaar Kč 55) en wordt ook in een variant voor 72 uur (voor volwassenen en kinderen Kč 310) aangeboden.
Hij is verkrijgbaar op de informatiepunten van de Praagse informatiedienst PIS in het Oudestadsraadhuis (het hele jaar dag. 9-19 uur), op de luchthaven (terminal 1 en 2, dag. 9-19, resp. 8-20 uur), in de brugtoren van de Kleine Zijde (begin apr.-begin nov. dag. 10-18 uur), de Rytířská 12 (het hele jaar ma.-vr. 10-18 uur) en op het Wenceslausplein (kiosk op het plein, ter hoogte van Stěpánská, het hele jaar dag. 10-18 uur) en in de filialen van de VVV op het hoofdstation (dag. 7-21 uur), in de metrostations Anděl (dag. 7-12 uur), Hradčanská en Nádraží Veleslavín (beide ma.-vr. 6-20, za. 9.30-17 uur) en op de luchthaven, in de aankomsthal van de terminals 1 en 2 (beide dag. 7-21 uur).

REIZEN MET EEN HANDICAP

De vereniging van Praagse rolstoelgebruikers biedt alle informatie over een drempelloos bezoek aan Praag: Benediktská 6, Praag 1, tel. 224 82 72 10, www.pov.cz. **Overigens**: gehandicapten en hun begeleiders kunnen overal gratis gebruikmaken van het openbaar vervoer.

STADSRONDRITTEN EN -WANDELINGEN

In Praag kun je allerlei spannende rondwandelingen maken buiten de bekende toeristische buurten. De **Prague Alternative**-tour biedt bijzondere inzichten in de wereld van de Praagse jongeren en de lokale graffiti-scene (www.

Reisinformatie

Een wonder, als je de Heilige Maagd in de tram tegenkomt!

praguealternativetours.cz). De **Taste of Prague**-tour is niet goedkoop, maar een must voor foodies (www.tasteofprague.com). De **Corrupt Prague**-tour (www.corrupttour.com) brengt je in duistere politiesferen. Voor een klassieke stadsrondleiding ga je naar de Praagse informatiedienst in het kantoor in het Oudestadsraadhuis aan het Staroměstské náměstí.

VEILIGHEID EN NOODGEVALLEN

Criminaliteit komt ook in Praag voor – net als in alle andere grote steden. Als je je echter houdt aan de gebruikelijke veiligheidsregels, hoeft je vakantie niet overschaduwd te worden door onaangename ervaringen. Waardevolle spullen en belangrijke documenten kun je daarom het best in het hotel of de hotelkluis achterlaten en in geen geval in de auto. Bijzondere waakzaamheid is natuurlijk geboden als je door de stad loopt en bezienswaardigheden bezoekt: kijk vooral in een dichte menigte goed uit. Ben je toch bestolen, ga dan eerst naar de ambassade en dan pas naar de politie. Op de ambassade krijg je waardevolle tips over het verloop van de aangifte. Doe niet telefonisch aangifte, maar ga persoonlijk naar het politiebureau (Praag 1, Nové Město, Jungmannovo náměstí 9). Daar zijn ook tolken.

Belangrijke telefoonnummers:
Algemeen: tel. 112
Politie: tel. 158
Diefstal: tel. 974 85 17 50
Gemeentepolitie: tel. 156
Brandweer: tel. 150
Ambulance: tel. 155
Pech onderweg: tel. 12 30, tel. 12 40
Blokkeren van creditcards: Mastercard tel. 001 31 42 75 66 90, Visa tel. 0800 022 31 10, American Express tel. +31 20 504 80 00.

Hoe zegt u?

Register

A
Adalbert 89
Adriapaleis 61
Agent Provocateur 102
AghaRTA Jazz Centrum 107
alarmnummers 113
Aleš, Mikoláš 21
All Colours Theatre (ACT) 68
'Amadeus' 8, 38, 57
aankomst 109
Apple Museum 79
Archa Theatre 67
Artěl-Glas 26
Astronomische Klok 21
atoombunker in Hotel Jalta 4, 81
autorijden 109, 110

B
Bajkazyl 106
Bakeshop Praha 27
Bakstenen Poort 77
Balšánek, Antonín 63
Balvinova, Petra 103
bars en kroegen 105
Basteituin 43
Beergeek 74
Begraafplaats Olšany 70, 85
Belvedère 43
Bernhardt, Sarah 65
Betlem Club 87
Beurspaleis 53, 80
bier 9, 13, 72, 78, 104
Biermuseum 78
bioscopen 108
Bistro 8 55
Bitcoincafé 53
Blatnička 99
Bobovka 100
boeken en muziek 99
Bohème 26
Botanicus 26, 111
Botanische tuin 46, 84
Botas 66 70, 101
Botel Albatros 89
Brahe, Tycho 24
Brasileiro 96
Braun, Anton 24
Braun, Matthias Bernhard 51

Břevnov, klooster 11, 89
Bubeneč 11
Bukowski's 71
burcht 9, 10, 37, 80
Burchtgalerie 41
bussen 110

C
cadeaus, design, curiosa 101
Café Buddha 96
Café Imperial 95
Café Jen 91
Café Lounge 91
Café Louvre 57, 64, 94
Café Montmartre 82
Café Pavlač 71
Café Savoy 4, 91
Café Sladkovský 106
Café Slávia 57, 95
Café V Lese 107
café van het Lobkowicspaleis 40
Čapek, Karel 76
Cash Only Bar 105
Centraal Station 64
Černý, David 15, 60, 70, 83, 107
Čertovka 34
Charles, prins van Wales 43
Chochol, Josek 77
Chocolademuseum 26
Cihelna Concept Store 101
Clam-Gallaspaleis 34
Corrupt Prague 113
Cross Club 53, 108
Czech Inn 87
Czech Labels & Friends 26
Čzerninpaleis 48

D
dansen 108
Dansende Huis 11, 110
Day, Paul 92, 97
Debut Gallery 26, 102
Defenestratie 41, 61, 128
Dejvice 11
delicatessen en levensmiddelen 99

Design Hotel Josef 88
Dientzenhofer, Kilian Ignaz 24, 35, 78
Dientzenhofer, vader en zoon 46, 48
dierentuin 84
diplomatieke vertegenwoordigingen 111
Dlouhá 90, 100, 104
dogumi 102
douane 111
DOX Centre for Contemporary Art 52
dresscode 57
Dubček, Alexander 59
Duivelsbeek 36
Dürer, Albrecht 48
Dvořák, Antonín 76, 78
Dvořákmuseum 78

E
Ebel Coffee 34
Einstein, Albert 128
Emblem 89
Eska 55, 91
Estrella 64, 92

F
Fellner & Helmer, architecten 57
Ferdinanda 44, 94
Ferdinand II 24
Field 97
Forman, Miloš 8, 38, 57
Fotograf Gallery 78
Franciscuskerk 35
Francouzská-restaurant 57
Freud, Sigmund 83
Fürstenbergtuin 44
FUTURA 54, 83

G
Galerie Kubista 26
Galeries 52
Garage Store 99
Gastro-ABC 93
gehandicapten 112
Gehry, Frank O. 11, 110
geld 111
gemeentehuis 11, 63

115

Register

George Prime Steak 27, 89
Gočár, Josef 61, 65
golem 7, 31, 32, 128
Goltz-Kinskypaleis 23
Gotische kelder 77
Gottwald, Klement 59
Gouden Kruis 11
Gouden Straatje 40
Grand Café Orient 27, 65
Grand Hotel Evropa 59
Gröbe, Moritz 84
Grosseto 96

H
Hartigtuin 43
Havelský trh 101
Havel, Václav 6, 43, 59, 60, 82, 89, 128
Havlíčekpark 84
Heilige Cyrillus en Heilige Methodiuskerk 81
Hemingway 105
Hepnar, Vit 97
Hergetova Cihelna 34
Hertengracht 43
Hodekgebouw 77
Holešovice 11
home kitchen 31, 93
homoscene 104, 106
homo's en lesbiënnes 104
Hongermuur (Hladová zed) 50
Hotel Hoffmeister & Spa 89
hotels 86
Hradčany 5, 6, 10, 37
Hradčany-voorstad 47
Hugo chodí bos 102
Huis In de Gouden Eenhoorn 23
Huis met de Stenen Klok 23
Huis U Minuty 23
Huis van de Zwarte Madonna 26, 65
Hus, standbeeld van 21
Hus, Jan 21, 87, 128

I
Image Theater 68

In de Witte Eenhoorn 24
informatie 111
Instituut voor Crypto-anarchie 53

J
Jatka 78 67
jazz 107
Jazz Dock 107
joden 9, 28, 81
John-Lennonmuur 36
Joodse Begraafplaats, Nieuwe 29, 69
Joodse Begraafplaats, Oude 4, 9, 10, 29, 31
Joods Museum 8, 29, 80
Josefov 10, 28
Jubileumsynagoge 64
jugendstil 59, 62

K
kabelbaan 111
Kafka, Franz 7, 29, 41, 69, 82, 128
Kafkamonument 29, 82
Kafkamuseum 82
Kafka Snob Food 27
Kalina 22, 97
Kalina, Mirek 97
Kampa-eiland 10
Kampaplein 36
Karel IV 38, 39, 43, 58, 59, 61, 76
Karelsbrug 4, 9, 35
Karlín 4, 11, 54, 69, 74, 104
Karlín Studios 54
Karlova (Karelsstraat) 10, 33
Karpisek; Tomas 91
K-a-v-k-a 99
Keplermuseum 34
King Solomon 31
Kinskýtuin 50
Kinský, zomerpaleis 51
Kisch, Egon Erwin 82, 128
Klausovasynagoge 30
Kleine Zijde (Malá Strana) 10, 42
Kleine Zijde, paleistuinen 42

Klementinum 35
Kolowrattuin 44
Korunapaleis 59
Kotěra, Jan 61
Kovaříková, Tatiana 103
Kracker, Johann Lukas 46
Kratochvíl, František 68
Kratochvíl, Petr 68
Kroningsweg, Oude 33
Kruittoren 10, 40
Krymská 5
kubisme 27, 77
kunst- en vlooienmarkten 101

L
La Boheme Café 92
La Degustation Bohéme Bourgeoise 93
La Femme MiMi 103
La Gallery Novesta 25
Lahůdky Zlatý kříž 94
Langweil, Antonín 78
Lanovka 50
Las Adelitas 96
Laterna Magika 66, 108
Lazy Eye 103
Ledebourtuin 44
Lehká hlava 92
Lennon, John 8, 36
Lennonisme 25
Leopoldpoort 76
Letnápark 84
L'Fleur 106
Lhota, Karel 51
Libuše 75
Libuše, het bad van 76
Literaturhaus 82
livemuziek 107
Lobkowicspaleis 41
Lokál 73, 94
Loos, Adolf 11, 51
Loretokapel 48
Lounge, Café 91
Louvre, Café 57, 64, 94
Löw, rabijn 3o
Lucerna, bioscoop 108
Lucerna Music Bar 107
Lucernapassage 60, 65

Register

M
Maiselsynagoge 30
Malé náměstí 33
manege 43, 45
Manufaktura 102
Maria-ter-Sneeuwkerk 61
Marionettentheater 34
Masarykovo nádraží 64
Masaryk, Tomáš Garrigue 59, 70
Maso a kobliha 92
Matthias van Arras 38
Meet Factory 107
Metro 68
metro 110, 112
Metronoom 5, 81
Meyrink, Gustav 32
Milunič, Vlado 11
Miminka 15
Mincovna 94
Miss Sophie's & Sophie's Hostel 87
Mistral Café 22
mode en accessoires 102
Moldau 4, 10, 16
Moser Crystal 26
Mozart, Wolfgang Amadeus 57
Mr. Banh Mi 96
Mucha, Alfons 39, 63, 65, 76
Muchamuseum 11, 65, 80
Můj šálek kávy (My Cup of Coffee) 93
Müller, František 51
Museum van de stad Praag 11, 78
Museum van het Communisme 81
Museum van het Stads- en Streekvervoer 79
muziekfestivals 63

N
Náměstí Míru 9
Náplavka 16, 84, 101
Náprstek-museum 79
Náprstek, Vojta 79
Naše maso 100
Nationaal Museum 11, 35, 51, 59
Nationaal Techniekmuseum 54
Nationaal Theater 11, 56, 108
Nationale galerie 53, 80
Nationale Monument 70, 81
Nebozízek 49, 111
Neruda, Jan 76
Nicolaaskerk 24, 46
Nieuwe Stad (Nové Město) 11, 58, 59, 63
Nieuwestadsraadhuis 11, 61
Nieuwe Toneel 67
Nota Bene 74, 94
Novák, Karel 63, 81
Nový Svět 5, 41

O
Oliva, Viktor 95
openbaar vervoer 4, 110, 112
Original Coffee 22, 95
Orsi, Giovanni Battista 48
Oude Proosdij 39
Oude Stad (Staré Město) 10
Oudestadsplein 7, 10, 20
Oudestadsraadhuis 10, 21
Oud-Nieuwsynagoge 31
overnachten 86

P
Palác Akropolis 71
Palach, Jan 59, 70
Palác Lucerna 60
Pálfytuinen 44
Papelote 102
Paradijstuin 43
Paralelní Polis 53
Paris, Hotel 63
Pařížská 25, 98
Parler, Peter 35, 38
Pasáž Lucerna 60, 65
Peterkahuis 59
Petrus-en-Pauluskerk 76
Petřín 10, 47, 85
Pinkassynagoge 29, 81
Pišték, Theodor 38
Pivnice U Černého vola 40
Pivni galerie 100
Pivovar Národní 68
Pivovarský klub 71, 74
Playbag 70
Plečnik, Jože 43
Pod Vyšehradem 77
Poilednik (Praagse meridiaan) 21
Polívka, Osvald 63
Praagse Lente 63
Prager Literaturhaus 82
Pragtique 101
Prague Alternative 113
Prague Card 80
Prague Food Tour 5

Q
Qcafé 106

R
Radok, Alfred 66
Reduta 107
Reformatie 21
Reiner, Werner Lorenz 51
Restaurace Akropolis 71
restaurants 90
Riegerpark 85
Rilke, Rainer Maria 128
Rio's Vyšehrad 77
Roxy 108
Rudolf II 39, 41, 43
Rudolfinum 79, 108
Růže, Jan (Meester Hanuš) 22

S
Salmpaleis 39
Šaloun, Ladislav 21, 63
Sansho 97
Schulz, Josef 59
Schwarzenbergpaleis 48
Seksmachinemuseum 79
Shadow 55
Shakespeare and Sons 99
Sint-Salvatorkerk 35
Sir Toby's 88
Sisters 94
Škréta, Karel 24
Slag op de Witte Berg 7, 24, 48

Register

Smetana, Bedřich 35, 76, 128
Smetanazaal 63, 108
Smíchov 11, 100, 104
Spaanse synagoge 32
Spiegellabyrint 50
Srnec, Jiří 68
Staatsopera 57, 108
stadsrondritten en -wandelingen 113
Statentheater 10, 57
Sternberg, Wenzel Adalbert van 85
Sternberkpaleis 48
Stern, kasteel 11
Sterrenwacht 50
St.-Jorisbasiliek 39
St.-Martinsrotonde 76
Stocklassa, Hana 26
Storchhuis 23
Strahov, klooster 10, 49
Stromovkapark 84
St.-Vituskathedraal 10, 38
Svatého Rocha 70
Světozor 108
Svoboda, Josef 66

T
Taborpoort 76
Ta Fantastika 68
Taste of Prague 113
Tatiana 103
taxi 113
televisietoren 9, 15, 70
The Augustine 89
The Nicholas Hotel Residence 88
TIQE 103
trams 112
Trdelník 23
Troja, kasteel 11, 85
Týn 26
Týnkerk 24

U
U Bukanýra 108
U Černého vola 105
U Fleků 73
Uitkijktoren 50
U Medvídků 88
Unitas Prison Hotel 89
U parlamentu 105
Urbánekhuis 61
U Svaté Ludmily 87
U vyšehradské rotundy 77

V
veiligheid en noodgevallen 111
Veltín 55
Villa Gröbe 84
Villa Kovařovic 77
Villa Müller 11, 51
Villa Richter 44
Vinohradská 104
Vinohradský pivovar 105
Vinohrady 4, 11, 74, 92, 104
Vojanpark 45
Vršovice 5, 11
Vrtbapaleis 51
Vyšehrad 4, 11, 75, 84

W
Walllensteintuin 45
Walltuin 43
Wenceslaus I (de Heilige) 10, 23, 59, 60, 83
Wenceslausplein 11, 58, 81, 98
Wiehlhuis 59
Wine & Food Market 100
winkelen 25, 98

Z
Žižka, Jan 70
Žižkov 4, 9, 11, 15, 29, 69
Zly Kasy 74
Zvonice 57
Zwarte Os 49
Zwart Theater 68, 108

Paklijst

> DATUM

> AANTAL DAGEN

> HET WEER

○ WARM ○ KOUD ○ NAT

> BASISUITRUSTING
- ANWB EXTRA
- PASPOORT/ID-KAART
- TICKETS & VISUM
- RIJBEWIJS
- BANKPASSEN
- MEDICIJNEN
- VERZEKERINGEN
- HOTELADRES

C CHECK

> TOILETARTIKELEN

> KLEDING

> DIVERSEN

> ELEKTRONICA

Mijn tripplanner

DAG 1

Blz......	MUST SEE..
Blz......	....
Blz......	....
Blz......	....
Blz......	....
Blz......	....
Blz......	ETEN EN DRINKEN..
Blz......	....

DAG 2

Blz......	MUST SEE..
Blz......	....
Blz......	....
Blz......	....
Blz......	....
Blz......	....
Blz......	ETEN EN DRINKEN..
Blz......	....

DAG 3

Blz......	MUST SEE..
Blz......	....
Blz......	....
Blz......	....
Blz......	....
Blz......	....
Blz......	ETEN EN DRINKEN..
Blz......	....

DAG 4

Blz......	MUST SEE..
Blz......	....
Blz......	....
Blz......	....
Blz......	....
Blz......	....
Blz......	ETEN EN DRINKEN..
Blz......	....

Notities

MUST SEE .... Blz ......

.... Blz ......

.... Blz ......

.... Blz ......

.... Blz ......

.... Blz ......

ETEN EN DRINKEN .... Blz ......

.... Blz ......

DAG 5

MUST SEE .... Blz ......

.... Blz ......

.... Blz ......

.... Blz ......

.... Blz ......

.... Blz ......

ETEN EN DRINKEN .... Blz ......

.... Blz ......

DAG 6

MUST SEE .... Blz ......

.... Blz ......

.... Blz ......

.... Blz ......

.... Blz ......

.... Blz ......

ETEN EN DRINKEN .... Blz ......

.... Blz ......

DAG 7

.... Blz ......

.... Blz ......

.... Blz ......

.... Blz ......

.... Blz ......

.... Blz ......

.... Blz ......

E EXTRA

Notities

Notities

TIPS

Favoriete plekken – **review**

> OVERNACHTEN

ACCOMMODATIE ▶ ....
ADRES/BLADZIJDE ....
PRIJS   ● €   ● €€   ● €€€
NOTITIE ....
....

> ETEN EN DRINKEN

RESTAURANT ▶ ....
ADRES/BLADZIJDE ....
PRIJS   ● €   ● €€   ● €€€   CIJFER
VOORGERECHT .... ●
HOOFDGERECHT .... ●
NAGERECHT .... ●
NOTITIE ....
....

RESTAURANT ▶ ....
ADRES/BLADZIJDE ....
PRIJS   ● €   ● €€   ● €€€   CIJFER
VOORGERECHT .... ●
HOOFDGERECHT .... ●
NAGERECHT .... ●
NOTITIE ....
....

RESTAURANT ▶ ....
ADRES/BLADZIJDE ....
PRIJS   ● €   ● €€   ● €€€   CIJFER
VOORGERECHT .... ●
HOOFDGERECHT .... ●
NAGERECHT .... ●
NOTITIE ....
....
....

Notities

> WINKELEN

WINKEL ▶
ADRES/BLADZIJDE
NOTITIE

WINKEL ▶
ADRES/BLADZIJDE
NOTITIE

> UITGAAN

GELEGENHEID ▶
ADRES/BLADZIJDE
NOTITIE

GELEGENHEID ▶
ADRES/BLADZIJDE
NOTITIE

> EXTRA

EXTRA ▶
ADRES/BLADZIJDE
NOTITIE

EXTRA ▶
ADRES/BLADZIJDE
NOTITIE

EXTRA ▶
ADRES/BLADZIJDE
NOTITIE

Fotoverantwoording

Fotolia, New York: blz. 90 (aquaturkus); 4 b. (chalabala); 120/8 (neuartelena); 94 (rh2010); 109 (Stutz); 23 (Thiermayer)

Getty Images, München: blz. 21 (Arnold); 7 (Atlantide Phototravel); 72, binnenkant voorflap (Divizna); 103 (Harris); 120/4 (Imagno/Hulton Archive); 38, 61 o. (Lonely Planet/Mckinlay); 37 (Rudenko); 63 (Sotomayor)

Glow Images, München: blz. 120/7 (Heritage Images); 74 (imagebroker/Bienewald); 110 (Prisma RM)

Huber, Garmisch-Partenkirchen: blz. 20 (Serrano)

iStock.com, Calgary: blz. 8/9, 33 (chalabala); 41 (gionnixxx); 32 (pick-uppath/Hinton); 61 o. (tirc83); binnenkant achterflap (Skopal)

Laif, Köln: blz. 120/5 (Archivio GBB/Contrasto); 80 (hemis.fr/Rieger); 47, 51, 65, 75, 95, 102, 105, 113 (Hirth); 97 (NYT/Redux/Novotny); 120/2 (Reglain); 69, 104 (Schwelle); 62 (VWPics/Redux); 59 (Zanetti)

Look, München: omslagfoto, Faltplan (Fuchs); blz. 101 (Travel Collection)

Mauritius, Mittenwald: blz. 93 (age fotostock/Forsberg); 86 (Alamy/Arcaid Images); 67 (Alamy/Bendova); 53 (Alamy/Bonek); 120/1 (Alamy/Cole); 56 (Alamy/Chmura); 26, 45, 46, 48, 52, 92, 96, 106 (Alamy/CTK); 4u. (Alamy/de Vries); 58, 70 (Alamy/Forsberg); 66 (Alamy/Images & Stories); 87 (Alamy/Levy); 100 (Alamy/Pie); 76 (PjrTravel); 83 (Alamy/Pomortzeff); 28 (Alamy/Profimedia); 14/15, 16/17, 54, 85, 98 (Alamy/Radim); 30, 42 (Alamy/RB Flora); 36 (Alamy/Renckhoff); 99 (Alamy/Roxby); 107 (Alamy/Stowe); 120/6 (imagebroker/Schöfmann)

picture alliance, Frankfurt a. M.: blz. 88 (Dolezal); 120/3 (Austrian Archives/Imagno); 25 (Mohr); 12/13 (Peska); 78/79, 120/9 (Singer)

Walter M. Weiss, Wien: blz. 5

Alle tekeningen: Gerald Konopik, Fürstenfeldbruck

Citaat binnenkant achterflap: Gabriel Laub, Unordnung ist das ganze Leben, © 1992 by LangenMüller in der F.A.Herbig Verlagsbuchhandlung GmbH, München

Colofon

Hulp gevraagd!
De informatie in deze reisgids is aan verandering onderhevig. Het kan dus weleens gebeuren dat je ter plaatse een andere situatie aantreft dan de auteur. Is de tekst niet meer helemaal correct, laat ons dat dan even weten.

Ons adres is:
Uitgeverij ANWB
Redactie KBG
Postbus 93200
2509 BA Den Haag
anwbmedia@anwb.nl

Productie: Uitgeverij ANWB
Coördinatie: Els Andriesse
Tekst: Walter M. Weiss
Vertaling: Willemien Werkman, Werkman Tekstverzorging
Eindredactie: Mariëlle van der Goen, Tekstbureau Omdat
Opmaak: Hubert Bredt
Opmaak notitiepagina's: Studio 026
Concept: DuMont Reiseverlag
Grafisch concept: Eggers+Diaper
Cartografie: DuMont Reisekartografie
© 2017 DuMont Reiseverlag

© 2017 ANWB bv, Den Haag
Eerste druk
ISBN: 978-90-18-04147-2

Alle rechten voorbehouden
Deze uitgave werd met de meeste zorg samengesteld. De juistheid van de gegevens is mede afhankelijk van informatie die ons werd verstrekt door derden. Indien die informatie onjuistheden blijkt te bevatten, kan de ANWB daarvoor geen aansprakelijkheid aanvaarden.

Herinner je je deze nog?

9 van 1.241.664 Pragenaren

Franz Kafka
Deze belangrijke schrijver werd in Praag geboren en bracht het grootste deel van zijn korte leven door in de Gouden Stad die ook zijn werk kenmerkte.

Václav Havel
Niemand belichaamt de vreedzame verandering na de val van het IJzeren Gordijn meer dan deze schrijver, activist en eerste president van de Tsjechische republiek.

Egon Erwin Kisch
Met verhalen uit het dagelijks leven van de eenvoudige lieden werd de 'razende reporter' een chroniqueur van zijn stad en medegrondlegger van de journalistieke reportage.

Rainer Maria Rilke
Deze Duitse romanschrijver leerde het schrijven in Praag, ook al werd zijn betekenis als zoon van de stad in de Tsjechische Republiek lange tijd niet erkend.

Bedřich Smetana
Met zijn 'Moldau' schiep hij een eindeloze melodie, die het symbool werd van het Tsjechische nationale bewustzijn en tot op de dag van vandaag te horen is.

Albert Einstein
In 1911/12 doceerde deze belangrijke fysicus aan de universiteit van Praag. Hier vond hij de concentratie die hij nodig had om zijn relativiteitstheorie concreet te maken.

Jan Hus
Uitgerekend een christelijke hervormer werd nationale held van het nu grotendeels atheïstische Tsjechië. Hij gaf in 1415 zijn leven voor zijn hervormingsdrift.

De golem
Ter bescherming van de Praagse joden van leem gemaakt rust hij nog altijd op de zolder van de Praagse Oud-Nieuwsynagoge. Althans zo wil de legende.

Defenestratie
Een vertrek uit Tsjechië verliep in het verleden nogal eens door het open raam van de Praagse burcht. Tweemaal ontdeed men zich zo van een ongewenste heerser.